Karl Schermann

Der Junge, den die Zeit vergaß

31 Geschichten von Kindern aus aller Welt

Mit Fotos von Franz Schallner

vgs

So fing alles an ...

Soweit ich mich erinnere, begann die verrückte Geschichte vor einigen Jahren, an einem Sonntagmorgen im Oktober ungefähr um halb sechs. Ich war wieder einmal zu Besuch bei meinem damals sechsjährigen Patenkind, und da für Alena der Morgen stets sehr früh beginnt, sind die Eltern dankbar, wenn das geliebte Kind an so einem Ausschlaftag den Patenonkel weckt. Da Licht der größte Feind der Illusion ist, hatte ich mit Alena für solche frühmorgendlichen Besuche einen Geheimpakt geschlossen: Wir bleiben noch im Bett, lassen die Lampen aus – und stehlen uns davon, in ferne Länder und zu aufregenden Abenteuern. Und Alena durfte sich stets aussuchen, wer mitkommt. Wir waren immer eine muntere Gesellschaft: Mama und Papa natürlich, Monja, ihre kleine Schwester, Oma und Opa, Nini, das Zwergkaninchen, ein Elefant, ein Pferd, zwanzig Ameisen, eine Schildkröte, eine Eule, eine Springmaus und wer sonst noch Platz hatte in unserem Zug der Fantasie. An jenem Sonntagmorgen muss die Reise wohl besonders aufregend gewesen sein, denn Alena fragte plötzlich: „Sag mal, war das wirklich so?" Da knipste ich das Licht an – und die Frage war beantwortet: Natürlich war alles nur erfunden. Die Beduinen, die uns halb verdurstet in die rettende Oase brachten, die buddhistischen Mönche, die uns Demut lehrten, die Rothäute, die uns aus der Gefangenschaft der weißen Viehdiebe befreiten – alles war gelogen. Da sagte Alena: „Warum erzählst du mir eigentlich keine wahren Geschichten?", und ich musste gestehen: „Alena, ich war zwar schon in vielen Ländern, aber wie die Menschen dort leben, was sie erleben, so genau weiß ich das nicht mehr." Und da erwiderte sie: „Warum fährst du nicht hin und fragst sie?" Ich fuhr tatsächlich! Aber nicht alleine!

Knapp zwei Jahre waren wir unterwegs, auf unserer Reise um die Erde. Alenas Vater, der mich als Fotograf begleitete, und ich. Mit dem Schiff, mit dem Flugzeug, auf Pferden, Kamelen, Elefanten, Fahrrädern und zu Fuß. Hauptsächlich aber mit unserem Geländewagen, einem Landrover Defender. 110 000 Kilometer legten wir allein mit ihm zurück, und er ließ uns nie im Stich. Wir fuhren in Pakistan den Karakorum-Highway hinauf zur höchsten Grenzstation der Welt, wir sahen in Südamerika die größten Wasserfälle der Erde, wir durchquerten Wüsten und Wälder in allen fünf Kontinenten, wir froren und schwitzten, wir lachten und weinten. Geblieben sind die Erinnerungen an überwältigende Landschaften und großartige, wunderbare Menschen. Und die Großartigsten von ihnen waren die Kinder. Ihre Geschichten wollen wir hier erzählen.

Gleich hinter dem Alpenpass Brenner, in Südtirol, trafen wir Andreas. Mit ihm beginnt unser Buch, das wir Alena widmen wollen, die trotz einiger Heimaturlaube so tapfer monatelang auf ihren Papa und ihren Patenonkel verzichtet hat. Aber eines, Alena, eines kann ich dir dafür versprechen: Diesmal sind die Geschichten wirklich alle wahr.

Andreas

Der Bauer vom Wieserhof

Wer ist Andreas? Er lebt in Italien, doch er hat noch nie mit irgendjemandem Italienisch gesprochen. Er arbeitet schon und geht doch noch zur Schule. Er ist reich und hat doch nicht genügend Geld, sein Haus fertig zu bauen. Wer ist dieser Andreas? Ist er schon ein Erwachsener oder noch ein Kind? Und welches Geheimnis umgibt den stillen, blassen Jungen? Und warum weint er nicht wie seine Mutter, wenn er an seinen toten Vater denkt?

Weit oben in den Bergen Südtirols, wo das Jahr länger das kalte weiße Schneekleid trägt, wo der Wind aufbrausender, ungestümer, fast jähzornig ins Tal hinunterbläst, wo der Mond der Erde näher scheint und die Nächte früh schlafen gehen, hier oben ist Andreas zu Hause. Er ist der Bauer vom Wieserhof, und er hat mit seinen neun Jahren schon mehr erlebt als so mancher Stadtmensch mit neunzehn.

Als Andreas Stofner der Bauer vom Wieserhof wird, ist er gerade mal acht Jahre alt. Es ist ein trister, ein trüber, ein trauriger Tag. Der Vater ist mit dreiunddreißig Jahren an Leukämie gestorben. Der Blutkrebs ist ein widerlicher Gesell, er fragt nicht nach Alter, Ehre und Stand. In diesen Stunden und Tagen wirkt der zerbrechliche Andreas noch ein Stückchen kleiner, schmächtiger, blasser. Und als er unten im Dorf am offenen Grab steht und Abschied von seinem Vater nimmt, hält er die Hand seiner Mutter ganz, ganz fest. Fester als sonst, denn Andreas weiß: Von nun an muss er seine Mutter beschützen. Jetzt ist er der einzige Mann im Haus.

Als der Vater noch lebte, hatte die Familie große Pläne: Schöner und moderner sollte der Wieserhof werden, auch mit ein paar Zimmern für die Fremden, die immer häufiger vom Tal heraufklettern, um die grandiose Aussicht zu genießen. Erst war der alte Stall abgerissen und neu aufgebaut worden, dann hatten die Stofners begonnen, das Wohnhaus Stück für Stück abzutragen. Als der Vater so jung, so unerwartet starb, da waren die Balken des neuen Daches noch so frisch, dass das Holz Tag und Nacht ächzte und stöhnte, als könne und wolle es die Last der noch unbezahlten Schindeln nicht tragen. Und die Mutter weinte unten in der Stube nicht nur um ihren geliebten Mann, die Tränen flossen auch, weil sie nicht wusste, wie es ohne ihn weitergehen sollte.

Andreas spürte, nein, er wusste, was er seinem Vater jetzt schuldig war. Hatte der ihm nicht immer gesagt, man dürfe nicht aufgeben? Hatte er ihn nicht noch am Totenbett in die Pflicht genommen? Also krempelte Andreas die Ärmel hoch und begann die Rolle auszufüllen, die ihm zugedacht war: Er wurde der Bauer vom Wieserhof.

Nun ja, es ist kein Gutshof da oben auf 1800 Metern Höhe, in Reinswald am Ende des Sarntales, das sich von Bozen aus nordöstlich in die Alpen gegraben hat. Bescheidene dreizehn Hektar Grund sind es gerade mal, ein Großbauer ist man erst mit hundert Hektar. Und nur fünf Milchkühe stehen auf dem Wieserhof im Stall. Dazu ein Kalb. Und nebenan gackern und scharren siebzehn Hühner ohne Hahn um die Wette. Und dann gibt es noch den Schäferhund Rolf, der über den Wieserhof wachen soll und der die Zähne so gefährlich fletschen kann, dass einem angst und bange wird. Neben ihm schwänzelt der kleine Rex, der nichts, aber auch rein gar nichts von der knurrenden Strenge seines Vaters hat. Rex schmust jeden nieder, der des Weges kommt.

Gleich wild sind Vater und Sohn nur, wenn sie die zwei zerzausten Katzen über den Hof jagen können, die sich deshalb meist im Heuboden verstecken. Die misstrauischen Streuner haben übrigens keine Namen. Andreas sagt, warum: „Die folgen ja sowieso nicht!"

Einem Löwen, seinem Lieblingstier, ja, dem würde Andreas einen Namen geben. Aber einer Katze? Wer Bauer sein will wie er, hat keine Zeit für Sentimentalitäten. Die Kühe werden nicht gestreichelt, sie werden gemolken. Die Hühner sollen Eier legen und nicht nach einem Hahn gackern. Und Rex und Rolf haben nicht umsonst ein so dickes Fell. Selbst im tiefsten Winter dürfen sie nicht in die Stube: „Unter den Tisch gehören nur die Füße, nicht die Tiere."

Andreas und Rolf sind dennoch dicke Freunde. Wenn Andreas mit dem Handkarren die Milchkannen hinunter zur Straße fährt, dann läuft der Schäferhund voraus. Und wenn er mit seinem besten Spezl Markus, der zwei Kilometer entfernt wohnt, auf der Almwiese Fußball spielt, steht der Rolf kläffend im Tor.

Nein, einsam fühlt sich Andreas nicht. Auch dann nicht, wenn es wirklich einsam ist auf dem Wieserhof. Denn jetzt muss seine Mutter jeden Nachmittag hinunter in die Schule nach Reinswald. Sie putzt dort die Klassenzimmer, um noch etwas Geld zu verdienen. Fünf Kühe, ein Kalb und 17 Hühner ernähren zwei Personen nicht.

Und während unten im Dorf die Mutter auch die Schulbank ihres Sohnes abstaubt, sitzt Andreas oben auf seinem Hof und macht Hausaufgaben. In Heimatkunde und Mathematik hat er die Note „sehr gut". Nur Italienisch, die Amtssprache in Südtirol, die mag Andreas nicht. Da hat er das letzte Mal nur ein „Genügend" bekommen. Was

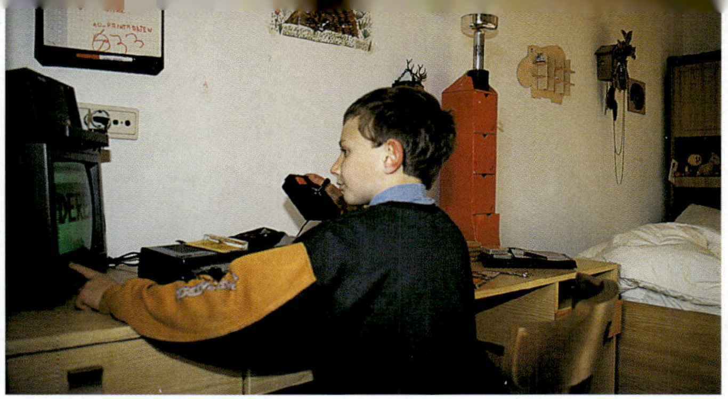

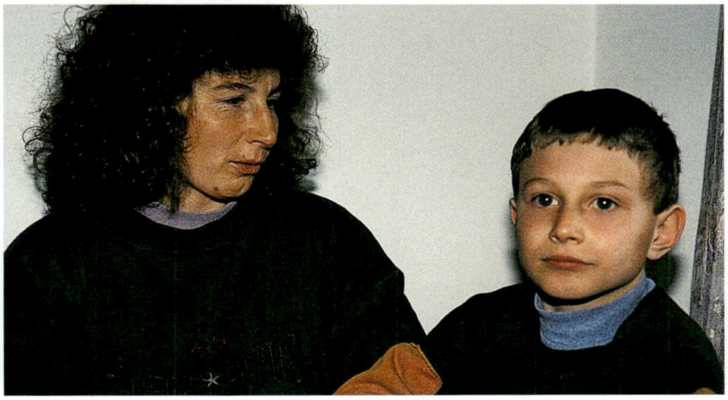

ihm aber genügt: „Ich habe noch nie mit jemandem Italienisch gesprochen."

Dafür spricht Andreas die Sprache der Natur, er kennt all ihre Geheimnisse. Er riecht den ersten Schnee, Tage bevor er fällt, und hört am Rauschen des Bachs, wann der Frühling über die Berge klettert. Und wenn er mit seiner Mutter im Sommer auf die Alm hinaufgeht, um das Gras für die Kühe zu mähen, auch dann macht ihm keiner etwas vor. Das Mähen hat er von seinem Vater gelernt, der die Sense so geschickt schwingen konnte, dass er bei etlichen Turnieren sogar Preise gewann. Ja, vieles im Hof erinnert noch an den Vater. Doch Andreas sagt: „Ich hab ihn nicht vergessen, aber ich muss auch nicht mehr weinen, wenn ich an ihn denke."

Der frühe Tod des Vaters hat Andreas gezwungen, nach vorne zu schauen. Vor ein paar Wochen hat er sich für 260 Euro einen Computer gekauft. Begründung: „Wir Bergbauern müssen mit der Zeit gehen." Trotzdem liegt noch viel Geld auf seinem Sparkonto; die Erstkommunion war ein einträgliches Geschäft. Für den Jungbauern vom Wieserhof ist es aber zu wenig, um die noch fehlenden Dielen im Erdgeschoss des Hauses zu legen. Doch eines Tages, da ist er sich ganz sicher, werden er und seine Mutter die Euro zusammenhaben, um alles fertig zu bauen. Und wenn dann die Fremden kommen, wird auch wieder neues Leben einkehren auf der Einöde dort oben im Sarntal. Und wer weiß: Vielleicht ist unter den Gästen irgendwann auch ein Mann für die Mama dabei. Der Bauer vom Wieserhof, der wird jedoch auch künftig Andreas heißen.

Der Abschied von Andreas fällt uns schwer. Wir haben den kleinen großen Mann aus den Bergen schätzen gelernt. Doch zwei Jahre sind nicht viel, um die Welt zu sehen. Also nur mehr einen kurzen Blick zurück – und weiter. Ganz unten in Italien, wo der Stiefel mit dem Absatz ins Wasser tritt und man im Morgengrauen auf der anderen Seite des Meeres die Berge Albaniens erkennen kann, treffen wir Michele. Wir haben Glück, dass wir im Juli kommen, denn sein Dorf gibt es nur im Sommer ...

Michele

Michele und das blaue Paradies

Michele darf vieles, was andere Kinder nicht dürfen. Er darf zum Beispiel den ganzen Tag barfuß laufen. Er muss sich in keine Hose zwängen, und als Hemd trägt er für gewöhnlich nur seine sonnengebräunte Haut. Manchmal tobt er noch um Mitternacht mit Freunden durchs Dorf, und morgens kann er so lange schlafen, wie er will. Zumindest in den Ferien. Er ist frei wie ein Vogel und hat doch ein beschützendes Nest. Ja, Michele hat Glück – er ist ein Kind Italiens.

Deshalb weiß Michele auch ganz genau, wo das Paradies liegt. Es liegt in Apulien, in der Provinz Lecce, und es hat einen Namen: Novaglie. Wer es auf der Weltkugel sucht, findet es 39 Grad und 51,667 Minuten nördlich vom Äquator und 18 Grad und 23,521 Minuten östlich vom Längengrad 0. Doch wer im Herbst, im Winter oder im Frühjahr kommt, wird sich wundern, denn dann ist das Paradies nur ein unwirtliches Fleckchen Erde, ein Ort ohne Leben. Die Häuser sind fest ver-

schlossen, über die steile Straße hinunter zum Meer fegt ein stürmischer Wind, und die verlassenen Fischerboote im kleinen Hafen tanzen seekrank auf den wütenden Wellen. Das blaue Paradies – graue, morbide Einsamkeit.

Bis Juni. Wenn es heiß wird in Apulien, sehr heiß, und die Frauen im drei Kilometer entfernten Corsano ihren Hausrat einpacken, um den Männern ans kühlende Meer zu folgen, dann ist für Michele, seine beiden Schwestern und alle die anderen Kinder der Fischerfamilien von Corsano der schönste Tag des Jahres. Es ist die Rückkehr in ihr Paradies. Für Michele spielt es keine Rolle, dass das Haus in Novaglie viel kleiner ist als das in Corsano und er sich das Bett mit seinen Schwestern teilen muss. Hier und nirgendwo sonst ist sein Zuhause.

Mit Schaudern denkt Michele an das malerische Santa Maria di Leuca, das man schnell erreicht, wenn man von Novaglie die Küstenstraße weiterfährt. Dort kann man nur mehr im Winter leben. Im Sommer fallen die Fremden wie Heuschrecken über den Ort her, und di Leuca wird zum brodelnden Alptraum. An manchen Tagen zwängen sich bis zu fünfzigtausend Menschen durch die schmalen Gassen des Städtchens, das nur für tausend Einwohner gebaut ist. Santa Maria – Paradies und Hölle liegen nicht weit auseinander.

Michele ist an diesem Julitag ausnahmsweise früh auf den Beinen. Die alte Schiffsuhr, die im Garten mit einem rostigen Draht an einen Olivenbaum gebunden ist, zeigt erst halb sechs. Trotzdem hat Michele es wieder nicht geschafft, dem Papa bei der Arbeit zu helfen. Der ist schon um vier Uhr aufgestanden. Jetzt, am frühen und doch so späten Morgen, schnaubt bereits das letzte Auto der Fischhändler knatternd die schmale Gasse vom Hafen herauf und hustet eine rußige Abgaswolke in den strahlend blauen Himmel. Der erste

Fang ist verkauft und Papa Salvatore zufrieden: 50 Euro hat er verdient. Zweimal wird er heute noch das Netz auswerfen, vielleicht hat er am Endes des Tages dann 150 oder gar 200 Euro zusammen. Wohlhabend wird so ein Fischer nicht, aber es reicht für ein bescheidenes Leben. Zumal das Essen für die Familie immer kostenlos ins Netz geht. Diesmal bringt Salvatore zwei handballgroße Tintenfische mit nach Hause, über die Michele verächtlich die Nase rümpft: Er mag keinen Fisch. Mama Maria-Teresa lacht: „Dann isst du halt nur den Salat."

Obwohl Michele Fische lieber in den Wellen tanzen als im Fangnetz zappeln sieht, der magischen Kraft des Meeres kann auch er sich nicht entziehen. Er mag das Prickeln des Salzes auf seiner Haut, das Schwanken der Bootsdielen unter seinen Füßen, und ihn fasziniert diese unerreichbare Linie am Horizont, wo sich das helle, lichte Blau des Himmels mit dem unergründlichen

Dunkelblau des Meeres verabredet. Nun ja, Michele drückt das nicht so aus, aber so sieht er es. Für ihn steht es fest: „Ich will Kapitän werden und die Meere befahren."

Wie jeder Junge träumt sich auch Michele gerne in eine andere Welt. Wenn man ihn fragt, in welchen Städten er vor Anker gehen würde, fällt ihm als Erstes Venedig ein. Wo einst Marco Polo aufbrach, um nach einer unglaublichen Odyssee mit Gewürzen und Seide aus dem unbekannten China zurückzukehren, will auch Michele zu seinen Abenteuern starten. Und nach Turin will er. Nach Turin? Das liegt doch gar nicht am Meer! Macht nichts, sagt Michele. Juventus Turin ist sein Lieblingsclub, und seine Idole spielen dort Fußball. Die Welt eines Neunjährigen ist eben nicht immer logisch.

Und was wird aus Novaglie, seinem meer- und himmelblauen italienischen Paradies, wenn er an den Küsten Australiens, Asiens und Afrikas vor Anker geht? Wenn er Bananen aus Ecuador nach Japan, chinesischen Reis nach Amerika und brasilianische Kaffeebohnen nach Europa schippert? Ob er dann nicht Heimweh haben wird? Heimweh nach den Schwestern Serena und Valeria, nach Mama Maria-Teresa und Papa Salvatore? Michele ist verwirrt. Erstens weiß er nicht, wo Ecuador liegt, und zweitens weiß er nicht, was Heimweh ist – er war ja noch nie weg.

Das Rauschen des Meeres wird uns noch eine Weile begleiten. Mit dem Schiff setzen wir unsere Reise fort, in acht Stunden bringt uns die Fähre von Brindisi nach Griechenland. Wir wollen in ein kleines Dorf in der Nähe von Thessaloniki, in ein ganz ungewöhnliches Dorf, in das wohl deutscheste Dorf, das es in Griechenland gibt. Hier sprechen die Einheimischen außer ihrer Muttersprache auch noch Schwäbisch, Hessisch oder Bayrisch. Sie fahren Volkswagen oder BMW, und in den Häusern hängen Fotos von Freiburg, Frankfurt, Köln oder München. Und wenn man sagt, dass man Deutscher ist, öffnen sich einem wie von Zauberhand alle Türen. Trotzdem: Fremde kommen selten in das abgelegene Sykia. Wer will schon in einen sterbenden Ort, in dem die meisten Häuser leer stehen und in dem es fast nur noch alte Menschen gibt? Aber auch das hat mit Deutschland zu tun. Hier treffen wir Aris. Von ihm und diesem verwunschenen Sykia hat uns ein Grieche auf dem Fährschiff erzählt ▪ ▪ ▪

Aris

Die letzten Kinder von Sykia

„Wenn Aris geht, stirbt Sykia." Die alte Frau murmelt es immer und immer wieder, und fast beschwörend zeigt sie auf einen schmächtigen schwarzhaarigen Jungen, der mit seinem Fahrrad über die Dorfstraße fegt. „Ist das Aris?", fragen wir. Die alte Frau nickt und wird nicht müde, warnend ihren Zeigefinger zu heben: „Wenn Aris geht, stirbt Sykia."

Ein seltsames Dorf, dieses Sykia. Die Häuser sind fest verrammelt, als könnten Blicke plündern. Ein staubiger Esel zerrt, als wir ihn streicheln wollen, derart heftig an dem Seil, das ihn an einen Pflock fesselt, dass er sich fast stranguliert. Eine pechschwarze Katze macht fauchend einen so zornigen Buckel, dass sich dem wütend kläffenden Hund im Garten gegenüber vor Schreck das borstige Fell sträubt. Und die sechs alten Männer vor der Kneipe tun es den Tieren gleich: Fast drohend, die knorrigen Hände auf Stöcke gestützt, verfolgen sie das seltsame Schauspiel auf der Dorfstraße,

die ihr Wohnzimmer ist. Was wollen die Fremden hier? Und was wollen sie von Aris?

Da kräht die alte Frau den Zaubersatz: „Es sind Deutsche." Zusammen haben die sechs alten Männer noch 18 Zähne. Jetzt, wo sie so breit und einladend lachen, wo sie winken und rufen: „Kommt her, setzt euch", kann man es ganz deutlich sehen. Ein fürwahr friedliches Dorf, dieses Sykia mit, wie es scheint, überaus freundlichen Bewohnern. Die Katze eingeschlossen, die sich nun so harmlos schnurrend auf dem Fenstersims sonnt, als sei sie aller Mäuse und aller Fremden Freund.

Nicht nur die alte Frau in ihrem Gemüsegarten kann Deutsch, auch die sechs alten Männer würfeln ihren Wortschatz zusammen und reden, als hätten sie Jahrzehnte schweigen müssen. Es gibt viel zu erzählen und viel zu erklären, schließlich waren auch sie in Deutschland, damals, als sie jung waren. Nur Aris, um den es uns geht, der versteht plötzlich nichts mehr. Er ist Fremder im eigenen Dorf. Schon seit Geburt.

Als Aris zur Welt kam, war das Tausendseelendorf schon fast ausgestorben. Alle jungen Männer waren gegangen. Der Anbau von Tabak auf den umliegenden Feldern, das war harte, ungeliebte Schufterei für wenig Lohn. In Deutschland, da war alles besser. Für leichtere Arbeit gab es mehr Geld, mehr Anerkennung, mehr Zufriedenheit. Im Laufe der Jahre nahmen die Männer dann alles mit ins reiche, fremde Land, was ihnen lieb und teuer war: ihre Frauen, ihre Kinder, ihr Hab und Gut. Nur ihre Häuser ließen sie zurück. Und die Esel. Und die Alten.

Aris' Vater ist einer der wenigen Männer, die in Sykia blieben. Und so wurde sein jüngster Sohn in ein Dorf geboren, in dem es kaum noch Kinder gibt. Sieben sind es, zählt man die Brüder von

Aris dazu. Die sind aber bereits fünfzehn und siebzehn und eigentlich erwachsen. Früher konnten die Kinder von Sykia noch in ihrem Dorf zur Schule gehen. Doch auch das ebenerdige Haus am Rondell gegenüber der Kirche ist seit Jahren verriegelt. Nur die Bänke und Stühle stehen noch da, als ob sie darauf warten würden, dass morgen wieder der Unterricht beginnt. Aber für die paar Schüler kommt kein Lehrer mehr hinauf in die Berge, wo es bisweilen im Mai noch schneit. Der Olympus, der höchste Fels Griechenlands, der Sitz der Götter, liegt gleich gegenüber, und je nach Lust und Laune stülpt er selbst noch im Frühling Sykia eine weiße Mütze über.

Aris hasst den Winter. „Im Winter", sagt er, „ist man in Sykia so einsam wie ein Waisenkind." „Und manchmal", erzählt er weiter, „bleiben dann selbst die zwei Tavernen geschlossen." Dann hört das Herz des Dorfes zu schlagen auf. Hier treffen sich sonst Alt und Jung, hier wird

gelacht, geweint, gelobt, gescholten, gesungen – und manchmal auch gestritten. Außer diesen beiden Kneipen und einem winzigen Lebensmittelladen gibt es nichts in Sykia. Nur noch die leeren Häuser entlang der Dorfstraße. Hier knipst erst der Sommer das Licht wieder an, in den Ferien, wenn die deutschen Griechen heimkehren. Dann kommen auch die Kinder zurück – und Sykia erwacht zum Leben.

Aris liebt den Sommer. Nicht der Ferien wegen. Schule ist für ihn keine unlösbare Aufgabe. Nicht der Hitze wegen. Auch wenn Eis lecker schmeckt. Aris liebt den Sommer dieser Kinder, seiner Freunde wegen. Dann können sie auf dem Bolzplatz endlich wieder auf zwei Tore spielen. Und Basketball mit zwei Mannschaften. Und auf der Dorfstraße fährt Aris nicht mehr Rennen gegen sich selbst. Sommer in Sykia, ein schöneres Leben kann es auf der ganzen Welt nicht geben. Und auch keinen schöneren Platz. Aris ist sich da ganz sicher.

Wirklich, Aris? Was ist mit der alten Frau und ihrer Furcht: „Wenn Aris geht, stirbt Sykia!" Wirst du gehen? Wie so viele vor dir? Oder wirst du bleiben, wie dein Vater? Aris blinzelt in die Sommersonne, schaut hinüber zum göttlichen Olymp, wiegt bedächtig den Kopf – und dann schreit er es mit all seiner ungezügelten Kraft hinaus: „Ich bleibe!"

Tabakbauer wird er eines Tages sein, wie sein Vater. Und so viele Kinder wird er haben, dass es keiner mehr wagen kann, von einem sterbenden Dorf zu sprechen. Aris war der Gott des Krieges. Wir wagen nicht zu widersprechen.

Wir werden wiederkommen nach Griechenland, das haben wir nicht nur Aris versprechen müssen. Auch der Frau im vorletzten Haus des Dorfes, die uns jeden Morgen zum Kaffee eingeladen hat. Und ihrer Nachbarin, in deren Garten wir unsere Wäsche trocknen durften. Und dem alten Mann, der uns im Wirtshaus das Bier spendierte. Und Dimitros, der so gerne für uns gekocht hätte, wenn wir länger geblieben wären, und dessen Pfefferminztee so köstlich schmeckte. Was uns wohl in der Türkei erwarten würde? Jenseits des Bosporus, wo Europa endet und Asien beginnt? Wir hatten wenig Wissen, dafür reichlich Vorurteile im Gepäck, wir sollten uns in Acht nehmen. Dann kam alles ganz, ganz anders ▪ ▪ ▪

Filiz

Der alte Mann, das Mädchen und die Hirtenjungen vom Fluss

Ganz im Süden, wo sich die Türkei erhaben, steil und schaurig schön in die Ägäis stürzt, beginnt unsere Geschichte, von der wir nicht ahnten, dass sie als türkisches Märchen enden würde. Wir waren ermattet vom Autofahren, die Augen waren müde vom vielen Sehen, und auch der Geist wollte oder konnte nicht mehr. Hatten wir je zuvor Buchten von solch schroffer Schönheit erblickt? War uns der Grund des Meeres je näher gewesen als in diesem türkisblauen Wasser? Hatte der Himmel je stolzer eine Landschaft überspannt? Die Erde erschien uns als atemberaubendes, doch zugleich einschläferndes Bilderbuch.

„Halt, wir brauchen noch Milch. Und Brot. Und Käse. Und Lust auf Schokolade habe ich auch." Wie so häufig folgt einer schönen Landschaft eine unschöne Stadt, die den Reisenden in die Wirklichkeit zurückholt. In der Türkei ist das nicht anders. Supermarkt ist Supermarkt, nirgendwo

sonst sind sich die Völker so gleich. Also Milch, Brot und Käse eingepackt. Die Schokolade ist uns zu teuer, muss ja auch nicht sein.

Dann steht plötzlich dieser Mann vor uns. Neben der Kasse, direkt vor den dicken, großen Wassermelonen. Schönheit, Entschlossenheit, Güte, Weisheit, Strenge – ein ganzes Volk im Faltenwurf eines Gesichts. Wir denken nur noch an eines: „Dürfen wir ein Foto machen?" Im gleichen Moment, in dem wir die Frage gestellt haben, nehmen wir sie wieder zurück: „Entschuldigung, wir waren nur ..." Doch der Türke hat die Antwort bereits gegeben: „Gerne! Hier oder lieber im Freien, wo das Licht besser ist?" Also doch das Foto und dazu die wenig einleuchtende Erklärung, warum wir so aufdringlich sind: „Wir fahren um die Erde, um ein Buch über die Kinder dieser Welt zu schreiben." Seine Antwort ist ein mildes Lächeln: „Ich bin achtundfünfzig! Aber wenn ihr eine Geschichte über türkische Kinder schreiben wollt, dann sucht nicht nach ihnen, sondern wartet, bis sie euch finden." Der Mann nickt uns noch freundlich zu – und weg ist er. Nur sein Satz bleibt: „Wartet, bis sie euch finden."

Wir hatten vor, von Mersin an der Mittelmeerküste quer durch die Türkei ans Schwarze Meer zu fahren. Auf dem Weg durch den Taurus begegneten wir vielen Kindern, und jedes schien uns zuzurufen: „Schreib über mich, schreib über mich." Aber wir dachten an die Worte des alten Mannes: „Wartet, bis sie euch finden." Aber wann, und wo?

Im Tal von Göreme, inmitten der unwirklichen Traumlandschaft Kappadokiens, wo sich einst die Christen vor Römern, Arabern und Persern verstecken mussten und ganze unterirdische Städte in den weichen Tuffstein meißelten, vergaßen wir unseren Auftrag und die Worte des alten Mannes. Die Landschaft mit ihrer blutigen

Geschichte hielt uns zu sehr in Atem. Auch in Ortahisar gibt es eine Zufluchtsburg der Verfolgten, einen ausgehöhlten Felsen mit 77 steinernen, hier aber in den Himmel ragenden Zimmern. Exakt 143 Stufen sind es bis zur Spitze, und wenn man oben unter der stolz wehenden türkischen Fahne steht und hinabsieht auf das Minarett der Moschee und das friedliche Dorf, mag man es nicht wahrhaben, dass Menschen bis heute ihres Glaubens wegen verfolgt werden.

„Wartet, bis sie euch finden." Der Satz kehrte sofort wieder, als wir auf der Terrasse eines Hauses plötzlich ein Mädchen winken sahen. Galt das uns? Hatte der alte Mann dieses Kind gemeint? Wir beschlossen, der Sache nachzuspüren: „Komm, wir steigen hinab und besuchen es." 143 Stufen können zur Qual werden, wenn mit jedem Schritt die Zweifel wachsen: Sollen wir wirklich an einem wildfremden Haus klingeln und sagen, wir wollen ein Mädchen besuchen, von dem wir glauben, dass es uns ein Zeichen gegeben hat? Man wird uns davonjagen oder, schlimmer noch, zur Polizei schleppen. Doch unser Mut siegte. Es sei denn, der Türklopfer bewegte sich von allein.

Das Haus Nummer 133 in Ortahisar ist ein gastfreundliches Haus. Wir werden mit frischer Ziegenmilch, Keksen und Aprikosen bewirtet. Und nach einer halben Stunde kennen wir die ganze Familie: Mehmet, den siebzigjährigen Großvater, und Kiraz, seine gleichaltrige Frau. Ihren neununddreißigjährigen Sohn Hasan und seine einunddreißigjährige Gattin Suna. Und die Kinder. Yüksel ist dreizehn, Fatma vier und Filiz elf Jahre alt.

Filiz war es gewesen, die uns auf dem Felsen gesehen und gewunken hatte. Warum, kann sie nicht erklären. Niemals zuvor habe sie Gleiches getan. Andererseits sei es aber auch noch nicht vorgekommen, dass Unbekannte an ihr Haus geklopft und um Einlass gebeten hätten. Und

noch nie hätte man den Onkel holen müssen, der als Gastarbeiter vier Jahre in Dortmund war und der als Einziger verstehen konnte, was die zwei Männer wollten. Aber Fremden die Türe weisen? Niemals!

Großvaters gute Stube jedenfalls ist ein äußerst gemütlicher Platz. Es wird Tee gekocht, und Filiz glüht vor Stolz, dass sie in einem Buch über die Kinder dieser Welt vorkommen soll. Ihr älterer Bruder Yüksel ist deshalb sichtlich neidisch und versucht mit allen Mitteln, die Aufmerksamkeit auf sich zu lenken. Als er merkt, dass er uns nicht einmal mit seinem Berufswunsch, Basketballspieler zu werden, imponieren kann, überlässt er beleidigt seiner Schwester das Feld. Yüksel ist sowieso der Meinung, dass Männer, die sich für Mädchen interessieren, keine richtigen Männer sind. Als er, Yüksel, geboren wurde, war die Freude unbeschreiblich. Als Filiz zur Welt kam, hieß es nur: na ja, ein Mädchen.

Filiz will Lehrerin werden. Sie will beweisen, dass ein Mädchen nicht nur für die Haus- und Feldarbeit bestimmt ist. Sie will für die Familie sorgen. Denn Hasan, ihr Vater, musste wegen einer Krankheit schon mit neununddreißig Jahren aufhören zu arbeiten, und in Großvaters Zimmer steht zwar ein riesiger Geldschrank, aber die Familienkasse dort aufzubewahren lohnt nicht. Großvater und Vater haben zusammen gerade mal eine Rente von 160 Euro im Monat. Davon müssen sieben Personen leben. Wie gut, dass das Haus ihr Eigen ist und dass ihnen ein kleines Feld gehört. Die Ernte von Aprikosen und Rosinen-Trauben beschert ein karges Zubrot. Woher übrigens der Familiensafe stammt, weiß nicht einmal der Großvater. Das stählerne Ungetüm steht in der Ecke, solange er zurückdenken kann.

Als wir Ortahisar verlassen, sind wir überzeugt, dass Filiz ihren Weg machen wird. Dass ihr Bruder Yüksel Basketballspieler wird, daran glauben wir weniger.

Ja, wir hatten den Rat des alten Mannes befolgt: Filiz hatte uns gefunden, nicht wir sie. Und siehe da: Auf dem Weg an die Schwarzmeerküste, auf einem der steilen, einsamen Gebirgspässe, sollte uns Ähnliches noch einmal widerfahren.

Wir hatten nach stundenlanger Fahrt Rast gemacht und saßen an einem wildromantischen Fluss, als es plötzlich hinter uns im Gebüsch raschelte. Erschrocken drehten wir uns um – und sahen zwischen den Blättern hindurch drei neugierige Augenpaare auf uns gerichtet. Es waren Kinder, die sich vom Bach herauf angeschlichen hatten und uns bestaunten wie Fabelwesen. Als wir uns bewegten, schlugen augenblicklich die Zweige der Büsche zusammen. Doch schon ein paar Minuten später ging der Blättervorhang erneut auf, die Neugier hatte die Angst besiegt. Zögernd, Schritt für Schritt, kamen die Buben näher und mit ihnen ein atemraubender Schwall aus Kuhmist, Schweiß und Knoblauch. Es waren Hirtenjungen, die unweit des Rinnsals den Familienschatz hüteten: fünf Rinder. Die Buben waren zum Bach gekommen, um ein Bad zu nehmen, und nachdem sie uns den Berg hinauf zu einem Naturbecken mit kristallklarem Wasser geführt hatten, planschten wir gemeinsam im kühlen Nass. Dass wir nicht Türkisch und sie nicht Deutsch sprachen, tat der Sache keinen Abbruch. Wir verstanden uns prächtig. Bis auf eine Kleinigkeit, die das Erzählen noch lohnt.

Wir hatten Durst bekommen, uns aus dem Wagen eine Flasche Mineralwasser geholt und natürlich auch unseren neuen Freunden etwas zu trinken angeboten. Da begannen die drei fast gleichzeitig zu rufen: „Cola, Cola." Sie deuteten die Serpentinen hinab und gaben uns aufgeregt zu verstehen, dass es dort irgendwo Cola gebe. Wasser war ihnen offensichtlich nicht schmackhaft genug.

Da wir ohnedies weiterfahren wollten und der Wunsch der Bergbuben nach einer Cola so unverschämt nun auch wieder nicht war, beschlossen wir, ihnen den Gefallen zu tun. Wir räumten die Rückbank frei, um sie mitnehmen zu können, und starteten unseren Wagen. Doch sie weigerten sich einzusteigen. Sie rannten talwärts und wir hatten Mühe, motorisiert Schritt zu halten. Und tatsächlich: Gleich hinter der nächsten Biegung duckte sich ein hölzerner, windschiefer Kiosk an den Felsen. Hier gab es dann auch wirklich Cola. Wir kauften fünf Dosen, und als wir jedem eine in die Hand drücken wollten, schüttelten die Buben entgeistert den Kopf: Nein, nein, sie wollten nichts. Da hatten uns die drei Bengel doch wirklich nur sagen wollen, dass es gleich um die Ecke noch etwas Besseres als Wasser zu trinke gebe. Für uns! Nicht für sie.

Der alte Mann, das Mädchen und die drei Jungen vom Fluss – wenn wir es nicht erlebt hätten, es könnte auch ein türkisches Märchen sein.

Quer durch Ostanatolien geht es weiter zur iranischen Grenze. Vorbei am Vulkan Ararat, den mit 5123 Metern höchsten Berg der Türkei. Der Bibel nach soll hier nach der Sintflut Noah mit seinen Tieren gestrandet sein. Manche glauben, dass die Arche noch immer auf dem Gipfel steht, von einem riesigen Gletscher bedeckt. Gott will nicht, dass sie ein Sterblicher je erblickt. Die Grenzbeamten sind weniger ehrfürchtig: Sie wollen alles, aber auch wirklich alles sehen, was wir am Leib und im Auto haben. Fast einen Tag dauert es, bis wir erst die türkische, dann die iranische Kontrolle passiert haben. Mit sehr gemischten Gefühlen rollen wir hinein in eine ganz andere Welt ▪ ▪ ▪

Sahar

Das Mädchen aus dem 14. Jahrhundert

Sie ist jung. Sie ist schön. Und wer ihr in die Augen sieht, wird neugeboren. Sie ist erfrischend wie ein Quell im Wüstensand, belebend wie der erste Frühlingstag, wärmend wie ein Sonnenstrahl nach kalter Nacht. Das Mädchen, dem ich väterlich verfiel, heißt Sahar, Morgendämmerung. Sie wurde am 11. März 1368 geboren, ich am 1. April 1950. Es sind ein paar Jahrhunderte, die uns trennen. Und doch habe ich sie gesehen, mit ihr gesprochen, mit ihr gelacht – und es ist wahr: Zum Abschied hat sie mich ganz zart geküsst.

Wie es das geben kann? Nun ja, das ist leider so unromantisch wie eine Gleichung an der Schultafel: Die westliche Welt rechnet nach dem gregorianischen Kalender, im Iran richten sich die Jahre nach dem Mondkalender. Und die Zeitrechnung im Islam beginnt erst ab dem Jahr 622, als Mohammed aus Mekka flüchten musste. Für unsere Geschichte bedeutet das: Sahar ist ein Kind von nur acht Jahren, so alt war sie wenigstens, als wir sie trafen.

Im Islam heißt es, Fremde werden von Allah geschickt. Wer als Gast in den Iran kommt, dem wird es vielleicht nicht anders ergehen als uns. Auf der Straße, als wir nach einem Hotel fragen wollen, werden wir von einem perfekt Deutsch sprechenden Iraner aufgelesen und finden uns Minuten später bei seiner Familie wieder. Wie in orientalischen Ländern üblich, haben wir in Strümpfen das Haus betreten, uns auf den mit Teppichen ausgelegten Boden gesetzt und harren nun der Dinge, die da kommen werden. Die kommen in Gestalt von schwarz gekleideten Frauen mit schwarzen Kopftüchern, schwarzen Haaren und fast schwarzen Augen. Die älteren nicken uns freundlich zu, die jüngeren setzen sich zu

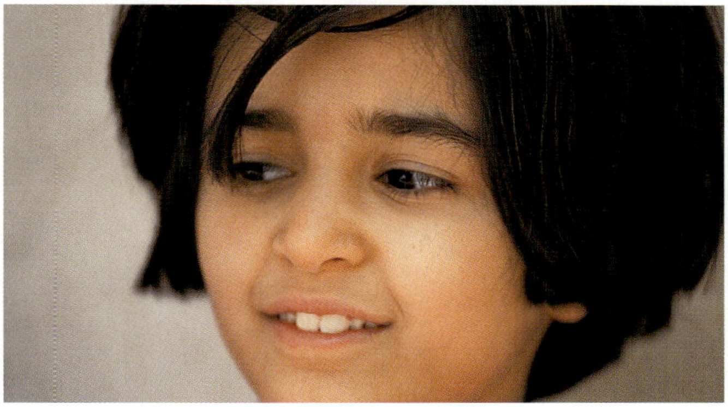

uns. Die jüngste von allen ist Sahar. Auch sie trägt ein schwarzes Kopftuch, obwohl die Mädchen im Iran das erst ab neun Jahren tun müssen, wie wir später erfahren. Dann kommen noch der Bruder von Sahar, der Vater und der Onkel, und irgendwann ist das Zimmer voll. Alle sind sichtlich stolz auf unseren Besuch. Sie laden uns ein, mit ihnen zu essen. Auf dem Boden wird ein Tuch ausgebreitet, dann wird serviert. Es gibt Reis, Hühnchen, Gemüse, Joghurt und Fladenbrot. Es schmeckt. Anschließend wird Tee gekocht, und es wird viel gelacht. Die Fragen, die wir stellen, müssen wohl sehr witzig sein. Oder sind es die Antworten, die wir geben?

Sahar lacht am meisten. Längst hat sie ihr Kopftuch abgestreift, und nichts unterscheidet sie mehr von einem Kind aus Europa. Modischer Haarschnitt, ein buntes Shirt und Jeans. Sahar hat schon mit acht Jahren das Selbstbewusstsein einer Frau von Welt. Was sie denn einmal werden wolle, fragen wir. Kein Zögern bei der Antwort: „Gehirnchirurgin." Ein nicht gerade bescheidenes Ziel. Aber eines, das die moderne Frau im Iran durchaus charakterisiert. Immer mehr besuchen die Universitäten, immer mehr bekleiden öffentliche Ämter. Sahar, ihre beiden älteren Schwestern und all die anderen hier passen so gar nicht in das Klischee, das wir von den Frauen im Islam haben: Von ihren Männern unterdrückt sollen sie sein, rückständig, von der Öffentlichkeit ausgeschlossen, weggesperrt. Ihre Schönheit ein Leben lang von diesem schwarzen Tschador verhüllt. Man darf sie nicht ansprechen, nicht berühren, ihnen nicht die Hand zum Gruß reichen. Bei Allah, so glaubten auch wir, was müssen diese Frauen unglücklich sein!

Nun erleben wir lachende Frauen, scherzende Frauen, strahlende Frauen, mit offenen Augen und offenem Herzen. Unterdrückte lachen anders. Gepresster, gequälter, gezwungener. Nur

ein freier Mensch kann frei lachen. So wie Sahar. In diesem wunderbaren Gesicht steht mehr geschrieben als in noch so vielen Geschichten über dieses Land. Und eines weiß Sahar, obwohl sie erst in die zweite Klasse geht: Je mehr sie lernt, desto freier wird sie einmal sein. Schließlich lehrt auch der Islam, dass Lernen eine Pflicht ist für jede Moslemin und jeden Moslem.

Sahar, das iranische Ausnahmekind? „Nein, nein", wiegelt ihre Familie ab. Ganz normale Leute seien sie. Der Papa ist Ingenieur, die Mama Hausfrau, und das Geld hat gerade mal für ein bescheidenes Haus in Zanjan gereicht. Sahar sei ein ganz normales Mädchen, das gerne malt, Kindergeschichten auf Kassette hört und im Fernsehen am liebsten die Serie mit den Dinosauriern sieht. Und wenn sie Geburtstag feiert, lädt sie ihre Freundinnen ein, und dann gibt es Obst und Kuchen und die Kinder tanzen.

Das Mädchen aus dem 14. Jahrhundert ist also auch nicht anders als ein Kind aus dem 20. Jahrhundert. Komisch, was so ein Kopftuch mit unseren Köpfen anstellen kann ...

Weiter nach Pakistan, in ein unwirtliches, hartes, in ein gefährliches Land. Überleben heißt hier kämpfen müssen – von der Geburt bis zum Tod. Und der kommt früh in Pakistan. Wer über vierzig ist, ist schon alt. Dieses Land schenkt seinen Kindern nichts. Und die schenken ihm nichts. Ganze Regionen beugen sich nicht dem Diktat des Staates, es gelten die Gesetze der Stammesfürsten, Auge um Auge, Zahn um Zahn. Eine Frau, die in Beluchistan ihren Mann betrügt, wird mit dem Tod bestraft. Kein Tag vergeht ohne Schießerei. Aus Sicherheitsgründen nur im Konvoi zu fahren, mit einem bis an die Zähne bewaffneten Soldaten auf dem Beifahrersitz, auch das haben wir auf unserer Fahrt in die Hauptstadt Islamabad erlebt, in der das Leben nicht einfacher ist, wie die Geschichte des elfjährigen Ghulam zeigt, den wir im Hotel Bismillah trafen ■ ■ ■

Ghulam

Ghulam, der Junge mit den drei Berufen

„Bismillah" ist ein arabisches Wort. Wenn man ein Geschäft beginnt, sagt man „bismillah" – im Namen Allahs. Auch Ghulam hat das getan, als er mit neun Jahren zu arbeiten begann. Die fünf Jahre Pflichtschule hatte er noch nicht beendet, als er im Hotel Bismillah im Herzen der pakistanischen Hauptstadt Arbeit fand. Nur einen Steinwurf entfernt liegen das Parlament und das noble Hotel Mariott. Dort zu arbeiten ist Ghulams Traum. Wo die Hotelboys so wundervoll bunte Uniformen tragen. Wo die Gäste so reich sind, dass sie mit Autos vorfahren, Trinkgelder verteilen und in einer Nacht mehr Geld ausgeben, als Ghulam in einem Jahr verdient. Wo man über Teppiche geht, die so dick sind, dass man glaubt, durch Wolken zu waten, und wo eine Klimaanlage die Haut so kühlt, wie es Ghulam sonst nur im Dezember und Januar erlebt, wenn der eisige Griff des Himalaja auch das ferne Islamabad erreicht.

Doch jetzt ist nicht Winter, es ist Sommer, und die Sonne brennt erbarmungslos vom wolkenlosen Himmel. Das Thermometer ist schon auf über 40 Grad geklettert. Weiter südlich in Pakistan ist es noch heißer: 50 Grad und darüber. Hier formt die Natur den Menschen, biegt ihn sich zurecht wie ein Schmied glühendes Eisen. In dem Land, das eingekeilt zwischen China, Afghanistan, Indien und dem Iran liegt, herrschen die extremsten Klimaunterschiede auf unserem Planeten. Im Winter gehört der Norden zu den kältesten Gebieten der Erde, der Süden im Sommer zu den heißesten.

Ghulams Arbeitsklima ist beständiger – es ist gleich bleibend frostig. Seine Gäste kommen auch nicht mit dem Auto. Sie kommen zu Fuß, mit einem klapprigen Fahrrad – oder auf einem Esel. Und eigentlich ist das Hotel Bismillah auch gar kein richtiges Hotel. Es nennt sich nur so. In Wahrheit ist es eine heruntergekommene Imbissbude. Ein paar windschiefe Ziegelwände verstecken die Küche, das Dach ist der Himmel, Tische gibt es keine, nur Liegen aus Holz, auf denen man sitzen, essen oder auch übernachten kann. Daneben dümpelt in schmutzigen Tonkrügen das Trinkwasser. In einem hockt ein glitschgrüner Frosch und verfolgt starr, wie immer wieder schmierige Hände in sein nasses Reich tauchen, mit Blechdosen das faulende Wasser schöpfen.

Ghulam ist ein hübscher Junge. Ein stiller, bescheidener dazu, der – selbst wenn es ihm schlecht geht – so glücklich zu lächeln vermag, als sei er dem Schicksal auch für die dunklen Seiten des Lebens dankbar. Was ihm nützt. Denn seinen Job hat er nur, solange er klaglos macht, was seine beiden Chefs von ihm verlangen. Der eine ist der Koch, ein finsterer Bursche, der viel schreit und dessen Schweißperlen sich wie ein nie enden wollender Strom entweder zischend

ins offene Feuer oder in die Essenstöpfe seiner Gäste ergießen. Der andere nimmt die Bestellungen und das Geld entgegen und füllt aus verrosteten Blechkannen süßen Milchtee in zerbeulte Tassen. Ghulam hat auch ihn noch nie freundlich erlebt. Dabei hätten die beiden eigentlich Grund, zufrieden zu sein, sie verdienen nicht schlecht. Ungefähr 3000 Rupies kassieren sie mittags, nochmals die Hälfte am Abend. Das sind etwa 100 Euro pro Tag. Ein Facharbeiter bekommt in einem ganzen Monat gerade mal das Doppelte.

Und was bekommt Ghulam dafür, dass er serviert, abspült, Botengänge macht? Dass er acht Stunden, meistens mehr, schuftet, auch samstags und sonntags? Ghulam greift unter sein langes Hemd, zeigt uns seinen Tageslohn: 50 Rupies hat er sich heute erarbeitet, einen Euro und ein paar Cents. Und weil sich der Koch vor uns Gästen aus dem Ausland spendabel zeigen wollte, hat er Ghulam sogar einen Teller Gemüseeintopf für acht Rupies geschenkt – und ein Fladenbrot für 1,5 Rupies. Ghulam lächelt zufrieden: wieder zwanzig Cent gespart.

Ghulam weiß, was Geld bedeutet. Schließlich arbeitet er nicht für sich, sondern für den Familienclan. Für seinen Vater, seine Mutter, für die sechs jüngeren Geschwister, für den Großvater, die Großmutter. Und die wiederum sorgen für ihn. Jeder verdient ein bisschen. Zusammen ergibt es so viel, dass sich alle das Leben leisten können.

Irgendwann wird Ghulam einmal der Patriarch sein, das uneingeschränkte Familienoberhaupt. Bis es so weit ist, wird er sich den Sitten und Gepflogenheiten der Gemeinschaft unterordnen. Er wird widerspruchslos tun, was der Vater verlangt, und es akzeptieren, dass ihm seine Mutter einmal die Braut aussuchen wird. Es kann sein, dass er sie erst am Tag der Hochzeit sieht. Aber, Inschallah, vielleicht wird er sie trotzdem lieben.

Doch noch ist Ghulam ein Kind. Was ihn aber nicht beschützt. Denn Ghulam arbeitet nicht nur als Hotelboy. Sein Onkel chauffiert einen Bus, und auf der Fahrt von seinem Heimatdorf in die Stadt kassiert Ghulam bei den Passagieren das Fahrgeld. Lohn bekommt er dafür keinen, aber er darf gratis mit. Das Vehikel, ein wundersam noch rollender, farbenprächtiger Schrotthaufen auf profillosen Reifen, ist ständig überfüllt. Wer drinnen keinen Platz mehr findet, klettert aufs löchrige Dach oder klammert sich von außen an die glaslosen Fenster. Mitgenommen wird jeder. Wer zahlt, zählt. Irgendwo in der Menschentraube hängt meistens auch ein Polizist. Und weil der vor dem Chaos die Augen verschließt, braucht auch er keinen Fahrschein. Eine Hand wäscht hier die andere.

Ghulam hat das früh begriffen: Nur wer sich nützlich macht, kann überleben. Und deshalb hat der Elfjährige noch einen Drittberuf als Hirte. Morgens, wenn ihn die Sonne weckt, setzt er sich auf seinen Esel und treibt den Familienbesitz auf die Weide: vier spindeldürre Ziegen und drei Schafe. Wenn er dann in die Stadt fährt, kümmern sich die kleinen Geschwister oder der Großvater um die Tiere. Der Einzelne ist in Pakistan nichts, die Familie alles.

Als wir Abschied nehmen, drücken wir einem Kind die Hand, das längst aufgehört hat, Kind zu sein. Die letzte Frage ist Ausdruck unserer Hilflosigkeit: „Ghulam", so wollen wir wissen, „wann spielst du eigentlich – und was?" Wir sehen in zwei ratlose Augen. Es ist die einzige Frage, auf die wir keine Antwort bekommen. Ghulam versteht sie nicht. Er hat nie gespielt.

Uns geht Ghulam tagelang nicht aus dem Kopf. Was wird aus ihm werden? Wie alt er wohl wird? Ob er die Vierzig schafft? Mit ihm ist das erste Kapitel unserer Reise beendet. Es geht zurück nach Deutschland, nach Hause. Doch wir bleiben nicht lange, in Hamburg wartet schon das Schiff nach Südamerika. Vier Wochen sind wir auf einem italienischen Frachter die einzigen Passagiere. Wir legen in Belgien und Frankreich an, die Kanarischen, dann die Kapverdischen Inseln ziehen vorbei. Wir bummeln durch die brasilianischen Küstenstädte Vitoria und Santos, und schließlich geht es zwischen den Ländern Montevideo und Argentinien den Rio de la Plata hinauf nach Buenos Aires. Wir sind am Ziel: Der Schiffsaufzug seilt uns 15 Stockwerke tief in den Frachtraum ab, wir klettern in unseren Geländewagen, das Abenteuer Südamerika kann beginnen ▪ ▪ ▪

Avelén

Das Mädchen von der Robbenbucht

Argentinien ist das siebtgrößte Land der Erde. Wir hätten überall hinfahren können. In den Norden zum Beispiel, zu den gewaltigen Iguazu-Fällen, die sich tosend in den Dschungel stürzen. Oder ganz in den Süden nach Feuerland, dem die unbekleideten Ureinwohner, die sich an ständig brennenden Feuern wärmten, den Namen gaben. Oder in die Pampa zu den riesigen Rinderherden. Uns aber zog es nach Patagonien: willkommen in der Einsamkeit. Vom Rio Colorado bis hinunter zur Magellanstraße peitscht der Wind die Steppe, kratzen Wolken an zu Stein gewordenen Bäumen, zwingen Gletscher Berge in die Knie und lässt der Atlantik die Küste erzittern. Willkommen in der Natur. Willkommen bei Avelén Comchillo-Verón.

Avelén ist an der Atlantikküste Patagoniens zu Hause. Und welches Mädchen hat schon einen Zoo wie sie: Möwen, Riesensturmvögel, Kormorane, Dampfenten, Austernfänger, Guanakos, Nandus, Robben, Seelöwen, Seeelefanten, Pinguine, Wale. Außerdem fünf große und vier kleine Hunde und zwei Katzen. Avelén wohnt in einem Haus direkt am Meer, und das Fenster ihres Kinderzimmers ist wie ein Kino, das rund um die Uhr Tierfilme zeigt.

Avelén öffnet den Vorhang – mal sehen, was gerade läuft. Tatsächlich, da draußen gleitet ein Wal vorüber, nur ein paar hundert Meter entfernt. Was für ein Koloss, eine atmende Insel im Meer. Behäbig schiebt er sich durchs Wasser, spielt mit den Wellen Versteck, schnellt über die Gischt, klatscht krachend in die Fluten, pustet eine Fontäne zum Himmel und verabschiedet sich mit majestätischem Flossenschlag – Ende der Vorstellung. Wir sind begeistert. Avelén lächelt nur.

Für uns war das eine grandiose Premiere, für sie nur eine von vielen Wiederholungen. Jedes Jahr überwintern die Wale hier an der Küste Argentiniens, bis sie Ende September mit dem einsetzenden Frühling in die Antarktis weiterziehen.

Dass Avelén von mehr Tieren als Menschen umgeben ist, hat einen Grund: Ihre Eltern sind bei der Guarda-Fauna, der argentinischen Tierpolizei. Diese wurde vor über dreißig Jahren gegründet, um die Meeresbewohner vor den zweibeinigen Landräubern zu schützen. An Papa Diego, Mama Rosana und der neunjährigen Avelén kommt keiner vorbei, der von der Hafenstadt Trelew zur Robbenbucht will. Ihr Haus ist der Schlagbaum zu einem Reich, das den Tieren zurückgegeben wurde. Von einer umzäunten Aussichtsplattform aus können Touristen zwar einen Blick auf die scheuen Robben werfen, dürfen ihnen aber nur mit Ferngläsern auf den Pelz rücken. Einzig uns ist erlaubt, was sonst unter Strafe steht: Mit Diego und Avelén klettern wir über die Absperrung und schleichen zu einer der vielen versteckten Robbenbuchten, immer den heiseren, dunklen Schreien nach, die der Wind als schaurige Klangfetzen über die Felsen trägt. „Leise", flüstert Diego, „leise." Als sich Avelén vorsichtig über die Klippen beugt, bestätigt ein Protestschrei aus Hunderten von Kehlen Diegos Worte. In die Herde, die sich träge auf den wärmenden Steinen gesonnt hatte, kommt Bewegung. Die älteren Tiere brüllen wütend zu uns herauf, das bullige Haupt warnend in den Nacken schleudernd, die jüngeren rudern panisch auf ihren Flossenbeinen dem schützenden Wasser entgegen: Ein wogender, schwarz-braun-grauer Teppich treibt aufs Meer hinaus.

Rund 160 Wale, 50 000 Seeelefanten, 260 000 Robben und Millionen von Pinguinen gibt es an der Atlantikküste Patagoniens, über die Aveléns Vater und seine Mitstreiter schützend ihre Hand

halten. Die Guarda-Fauna hat auch sechzehn Orcas registriert, jene wunderschönen schwarzweißen Wale, die in Spielfilmen lange Zeit nur als todbringende Bösewichte besetzt wurden. Diego sieht das gelassener: Killerwale würden nur kleine Robben, Seeelefanten-Babys oder auch kranke Artgenossen fressen, alles andere sei Unsinn. Um Avelén macht er sich jedenfalls keine Sorgen, wenn sie zum Baden geht. Obwohl irgendwo da draußen ein Orca sein könnte. Auch Avelén lacht. Angst vor dem Meer und seinen Bewohnern? „Nein, nein." Die Menschen, sagt sie, die Menschen seien viel gefährlicher. Die Tiere würden sie beschützen – oder ihren Schutz suchen. Sie sagt das nicht ohne Grund, denn es gibt da eine Geschichte ...

Was uns Avelén dann erzählt, klingt so unglaublich, dass wir nicht sicher sind, ob es wahr ist. Oder ob Aveléns Vater nur einen Traum seiner Tochter zu Ende geträumt hat. Aber hören wir zu.

Eines Nachts, so beginnt sie und drückt dabei ihre Stofftiere wie Zeitzeugen an sich, eines Nachts sei sie aufgewacht, weil sie vom Strand herauf das warnende Bellen der Robben gehört habe, dieses durch Mark und Bein gehende Konzert, das uns einen Tag zuvor auch in der verbotenen Bucht begleitet hatte. Man muss wissen, dass an den Küstenstreifen vor dem Haus der Guarda-Fauna nie Robben kommen, sie haben ihre angestammten Plätze, die sie je nach Ebbe und Flut aufsuchen. Doch in dieser Nacht, sagt Avelén, sei der Strand voller Tiere gewesen, sie habe das im hellen Schein des Mondes ganz deutlich erkennen können. Erschrocken sei sie von ihrem Stockbett gesprungen, nebenan in das Schlafzimmer ihrer Eltern gelaufen und habe ihren Vater geweckt: „Papa, Papa, die Robben kommen zu uns ins Haus herauf."

Papa Diego hört lächelnd zu, er kennt die Geschichte und fährt fort: Natürlich sei er sofort

aufgestanden, habe seine nassgeschwitzte Tochter in den Arm genommen, und dann seien sie zur Haustüre gegangen, um nachzusehen, warum die Robben sich verirrt hätten. Doch als sie die Türe öffneten, war nichts zu sehen und nichts zu hören. Nur die Wellen wären wie gewohnt laut schlürfend zwischen den Kieselsteinen zerronnen.

„Es war nur ein Traum", habe er seine Tochter beruhigt und sie wieder zu Bett gebracht. Doch dann habe er sich die Jacke übergestreift, seine Stablampe geholt und sei noch einmal zum Strand hinuntergegangen. Warum, wisse er nicht. Und da habe er das Tuckern von Booten gehört, die sich erst der Robbenbucht genähert hätten, dann aber plötzlich abgedreht und in einer Nebelbank verschwunden seien. Bis heute sei nicht geklärt, wer es war und ob der Lichtkegel seiner Lampe der Grund dafür gewesen ist, warum die Boote wieder Kurs aufs offene Meer nahmen.

Avelén hat vor Aufregung ganz rote Backen bekommen. Natürlich kennt sie den Ausgang der Geschichte: Gemeine, feige Robbenschlächter seien es gewesen. Die Tiere hätten dies geahnt und sie, Avelén, um Hilfe gebeten. „Möglich", sagt Papa Diego und schmunzelt wissend, es sei schon richtig, auf die Stimmen der Tiere zu hören.

Fantasie, Entschlossenheit, Selbstständigkeit und so manches mehr unterscheidet Avelén von anderen Kindern, vor allem von Stadtkindern. Das liegt nicht nur, aber wohl auch, am fehlenden Fernsehapparat. Und ganz sicher liegt es daran, dass Mama und Papa den ganzen Tag zu Hause sind. Avelén muss abends nicht vor zehn Uhr ins Bett und darf morgens bis zehn Uhr ausschlafen. Sie geht erst nachmittags zur Schule, weil die Eltern dies vor allem an den dunklen, kalten Wintertagen für klüger halten und weil es das argentinische Schulsystem erlaubt. Für Avelén

ist es ein Geschenk des Himmels, dass kein Schulbus fährt: So chauffiert sie Papa Diego jeden Tag ins 15 Kilometer entfernte Trelew und holt sie abends bei einer Freundin wieder ab. Die Tochter hat den Vater also nicht nur immer zu Hause, sondern tagtäglich auch noch eine Stunde ganz für sich allein. Da werden Kinderträume wirklich wahr.

Der Weg vom Atlantik zum Pazifik ist weit, Patagonien einsam. Doch dann denken wir an Avelén und ihre Meerestiere. So ein Wal muss erst ums Kap Horn herum, will er entlang der chilenischen Küste nach Norden. Wir haben es da einfacher: Unser Landrover erlaubt uns die Abkürzung über die Anden. Chile, dieser spindeldürre Strich Land, erwartet uns mit wildromantischen Wasserfällen, mit schneebedeckten Vulkanen, Gletschern, türkisfarbenen Seen und im Norden mit einer fast menschenleeren Wüste. Von der Küstenstadt Arica aus, unweit der peruanischen Grenze, geht es dann wieder hinein in die Berge. Wir haben von einer Familie gehört, die völlig einsam in einem Biosphärenreservat auf über 3000 Metern Höhe leben soll. Als wir uns auf den Weg machen, wissen wir noch nicht, dass die nächsten Tage zu den eindrucksvollsten unserer gesamten Reise gehören werden ■ ■ ■

Die Kinder aus dem Niemandsland

„Was machen die Menschen mit ihren Informationen? Wir kennen von den alten Ägyptern bis zu den Inkas alle Hochkulturen – und bauen uns aus Beton eine Städtekultur, die unserer nicht würdig ist. Wir könnten auf dem Mond leben, in der Wüste, in den Bergen oder auf dem Grund der Meere, wo aber leben wir? In den Städten!"
Andrea Chellew Stambuk

Es ist Abend. Jetzt, Ende September, bricht er in den Anden früh an. Kalt ist es draußen und dunkel. Wir haben mit einem Stück Eisen einen Holzbalken bearbeitet, um ihn für den offenen Kamin kleinzukriegen. Im flackernden Schein des Feuers essen wir Schafskäse und selbst gebackenes Brot, und Andrea erklärt uns die Welt. Ihre Welt. Wir haben tatsächlich diese Familie in den Bergen gefunden, wenn auch Alexis, der Hausherr, nicht zu Hause ist. Er ist hinunter in die Stadt, nach Arica gefahren. Aber Andrea ist zuversichtlich, dass er morgen oder übermorgen oder überübermorgen kommen wird. Wir sollten uns keine Sorgen wegen eines Familienfotos machen: „Er kommt immer wieder."

Wir sollen uns keine Sorgen machen? Da bleibt eine fünfunddreißigjährige Frau mit zwei kleinen Kindern mutterseelenallein in der Wildnis zurück, zwei wildfremde Männer sitzen an ihrem Tisch, und sie sagt, wir sollen uns keine Sorgen machen? Was ist das nur für eine Frau, und was hat es mit diesem „Pueblo de Maillko" auf sich, mit dieser Einsiedelei in den Bergen? Wir werden noch viel Holz ins Feuer schieben müssen, um alles zu erfahren.

Da die Geschichte eines Kindes immer auch die Geschichte der Mutter ist, also die der Mutter zuerst. Andrea Chellew Stambuk ist eine Tochter aus gutem Hause, blitzgescheit, und so studiert sie in der Hauptstadt Santiago de Chile standesgemäß Medizin. Doch eines Tages, von heute auf morgen, beschließt sie ihr Leben zu ändern. Sie gibt alles auf, schultert ihre kleine Tochter und will in die Berge, zurück zur Natur, zurück in die Zukunft. Sie träumt von einem Leben ohne Zwang, will frei sein wie ein Vogel. Was so einfach nicht geht: Die Behörden fangen sie ein und stecken ihr Kind in ein Heim, weil sie glauben, die Mutter sei verrückt geworden. Andrea verliert zwar den Kampf um ihre Tochter, doch sie kehrt nicht um. Wo heute das „Pueblo de Maillko" steht, schläft sie im Zelt, wärmt sich am Lagerfeuer, meditiert. Sie sieht sich als Teil des Universums und sagt: „Ich gehöre keinem Land, ich gehöre der Mutter Erde."

Mutter Erde adoptiert Andrea, beschützt sie und schickt ihr schließlich Alexis, der ebenfalls eine Vision hatte. Er lebt in London, als er eines Nachts eine Stimme hört, die sagt: „Walk, and you will find it." Alexis bricht daraufhin das Studium der Dramaturgie und Bühnenbildnerei ab und fährt nach Südamerika. Er durchquert den halben Kontinent, ehe er in den chilenischen Anden, in einem zerzausten Zelt in 3200 Metern Höhe, Andrea findet. Sein Weg ist zu Ende.

1990 beginnen beide, aus dem Nichts ein Etwas zu schaffen. Alexis zieht einen englischen Eisenbahnwagen den Pass hinauf, sie zimmern ein Haus, bauen zwei Bäder, sorgen für Elektrizität, graben einen Wasserspeicher und pflanzen Bäume. Und als am 11. Juli 1992 ihr Sohn geboren wird, wissen sie, für wen sie so hart gearbeitet haben. Das Pueblo soll seinen Namen tragen. Womit die eigentliche Geschichte beginnt.

So sehr sie auch überlegen, Andrea und Alexis wissen nicht, welchen Namen sie dem Baby geben sollen. Auch noch Monate nach der Geburt sind sie ratlos. Eines Nachts, Andrea, Alexis und ihr geliebter Sohn schlafen bereits fest, klopft es am Eisenbahnwagen und jemand ruft: „Im Namen Gottes, lasst uns herein!" „Im Namen welchen Gottes?", fragt Alexis schlaftrunken. „Es gibt so viele." „Im Namen von Christus der Anden", kommt ohne Zögern die Antwort. Alexis öffnet.

Drei Inka-Priester stehen vor der Tür und bitten darum, ihr Mondritual beenden zu dürfen, die Sterne hätten sie genau an diesen Platz geführt. „Ja, wenn ihr leise seid", sagen die Eltern, „unser Baby schläft." „Wie heißt es?", wollen die Inka-Priester wissen, und da müssen die Eltern gestehen: „Wir haben noch keinen Namen." „Jetzt wissen wir, warum uns die Lichter hierher geführt haben", sagen die Priester und bitten die Eltern, das Neugeborene zu holen. Sie nehmen das Kind in ihre Mitte und beginnen zu singen. Sie träufeln ihm Öl auf die Stirn, taufen es mit Wasser, streuen Cocablätter über den kleinen Körper und berühren ihn mit der Feder des Kondors. Dann befragen sie die Geister der Hohepriester, und schließlich wissen sie den Namen des Kindes: Maillko Tawapaca Wiracocha. „Maillko", das ist der Bote Gottes. „Tawapaca" bedeutet vier Adler. Und „Wiracocha", das ist der Christus der Anden. Vor 4000 Jahren, so erzählt man sich, erschien den Bewohnern der Anden ein weißer Mann mit einem langen weißen Bart, um zu den Leuten zu predigen. Doch die hatten Angst vor dem Fremden. Sie fingen ihn, fesselten ihn und ertränkten ihn in einem See. Doch nach drei Tagen stand er von den Toten auf. Wie Jesus.

Was steckt dahinter, dass Maillko hier in diesem Niemandsland geboren wurde? Am alten Inka-Pfad durch die Anden? Dass ihn Inka-Priester tauften und seine Namen wählten? Seine Mutter

glaubt, dass Maillko eine besondere Aura umgibt, und auch wir sehen in ihm mehr als nur das aufgeweckte Kind von sonderbaren Aussteigern. Maillko spielt am liebsten mit den Skorpionen, die sich im kühlen Schacht des Wasserspeichers verstecken, ist stundenlang allein in den Bergen unterwegs, döst mit der schnurrenden Katze vor dem Kamin oder hört seiner Mutter zu, wenn sie ihm Geschichten wie die des kleinen Buddha erzählt, der in einem Tempel mit hohen Mauern heranwuchs, umgeben von unvorstellbarem Luxus. Doch als er größer wurde und über die Mauer sehen konnte, sah er nur Elend, Hunger und Tod. Da lief er davon – und als er nach ein paar Tagen vor Erschöpfung, Hunger und Durst nicht mehr weiterkonnte, da spürte er zum ersten Mal, was Leben heißt.

Der fünf Jahre alte Maillko und seine zweijährige Schwester Cristaria stehen mit der Sonne auf und sie gehen mit ihr schlafen. Ihre Taschenlampe ist der Mond, ihre Rechenmaschine die Steine der Berge. Sie kennen keine Uhr, keine U-Bahn, keinen Computer – und dennoch werden ihnen die Felsen der Anden nicht wie die Mauern des Buddha-Palastes die Sicht versperren. Maillko wird eines Tages seinen Pueblo verlassen, er wird die Kraft entwickeln, neue, eigene Wege zu gehen. Seine Mutter weiß es: „Jeder kann Geschichte schreiben und seine Note für das Konzert des Universums komponieren."

Wie wird das „Pueblo de Maillko" sich verändern? Wie wird Maillko sich verändern? Werden wir je zurückkehren und es erfahren? Werden wir je seinen Vater treffen, auf den wir dann doch nicht mehr warten konnten? Die Straße erscheint uns in diesem Augenblick wie ein Band der Hoffnung inmitten zu Stein gewordener Einsamkeit. Den Weg zurück, es gibt ihn. Wir winken noch, bis die Berge unsere Blicke trennen. Es geht hinauf zur bolivianischen Grenze, hinein nach La Paz, einer rast- und ratlosen Millionenstadt, die sich so hoffend an die Felsen der Anden klammert wie ein Kind an die Mutter. Wir fahren hinunter nach Coroico. Dort, wo sich das fröstelnde Altiplano am subtropischen Amazonasbecken zu wärmen beginnt, treffen wir Cindy, das Kind zwischen den Welten ■ ■ ■

Cindy

Zwischen den Welten

Es ist genau siebzehn Jahre her, als alles begann. Marita Pasch, klug, hübsch und mit der unbekümmerten Energie von zweiundzwanzig unbeschwerten Jugendjahren, war die beschauliche Welt der Eltern zu eng geworden. Es musste mehr geben als dieses kleingroßstädtische deutsche Düsseldorf, als diese vorbestimmte Zukunft von Heirat, Heim und Harmonie. Nur raus, weg, möglichst weit. Immer wieder hatte Marita den Globus gedreht. Er zog sie an wie ein Magnet, erschien ihr wie eine Zauberkugel, die alle Wünsche erfüllt. Afrika, Asien, Australien – die Welt ist so einfach zu durchschauen, wenn sie zu Hause im Wohnzimmer steht und von einer 25-Watt-Birne erleuchtet wird.

Als sie aufbrach, wusste sie nicht viel mehr als den Namen ihres Traums: Südamerika. Dass man aus Träumen erwacht, aus schönen wie aus schrecklichen, dieser Gedanke war für Marita damals noch weiter weg als die ungezähmten Staaten jenseits des Atlantiks. Doch der Alptraum wurde Wirklichkeit: In Bolivien, einem der unterentwickeltsten Länder der Erde, wurde Marita krank, schwer krank. Wegen einer akuten Blinddarmentzündung musste sie notoperiert werden. Da lag sie nun in einem Hospital in La Paz, allein in dieser fremden, nun bedrohlichen Welt. Ihr Rucksack, noch voll gepackt mit Fernweh, sah plötzlich aus wie der warnende Zeigefinger der Mutter: „Mein Gott, Südamerika. Was, wenn dir etwas zustößt, Kind?“

Und wie das so ist: Der Körper geht auf Krücken, wenn die Seele leidet. Trotz perfekter Naht und allerlei Salberei wollte der kleine Schnitt nicht heilen. Marita folgte schließlich dem Rat der

Ärzte, La Paz zu verlassen, von 4000 Metern Höhe hinabzusteigen in ein gemäßigteres Klima und dort drauf zu hoffen, dass sich die Wunden schließen, die am Körper und die in der Seele.

Marita fuhr den Weg, den auch wir gefahren sind. Es gibt nur diese eine Straße nach Coroico. Sie ist einspurig, je nach Wetterlaune staubig oder schlammig und hat den zweifelhaften Charme, dass man entweder ankommt – oder abstürzt. Auf der einen Seite geht es steil den Fels hinauf, auf der anderen Seite Hunderte von Metern hinab. Auf diesem Teilstück in den Anden herrscht Linksverkehr, damit der Fahrer direkt am Abgrund sitzen und der Gefahr vorausschauend ins Auge blicken kann. Was nur wenig beruhigt.

So schraubt sich die Piste Meter für Meter dem fernen Amazonas entgegen. Langsam beginnt der Fels sich mit Moos zu überziehen, Buschwerk klettert aus den Spalten, und schließlich federt tropisches Grün den Gedanken, das Fahrzeug könnte doch zum Flugzeug werden. Eine Autofahrt als Zeitraffer, der Frühling wächst den Berg hinauf und uns entgegen. Coroico ist die erste Blume am Wegesrand. Hoch über der Staubwolke reckt sich das Dorf der Sonne entgegen, als wolle es sagen: Seht nur genau her, das Paradies gibt es noch. Und so wie Maritas Geschichte weitergeht, will man es fast glauben.

Schon nach wenigen Wochen ist von ihrer Operation nur mehr ein dünner roter Strich zu sehen – und auch ihre Seele ist wieder im Lot. Was einem Verehrer namens Hugo zu verdanken ist, der Marita mit seiner bescheidenen Art imponiert. Der Rucksack wird ausgepackt, das Fernweh nach Hause geschickt, das deutsche Mädchen sagt Ja zu ihrer bolivianischen Liebe. Marita Pasch de Aliaga, ein Name wie aus einem Kitschroman, erfunden für die großen Gefühle des Lebens. Doch auch die Wahrheit schreibt wunderbare Geschichten.

Erstes Kapitel: Beide haben sich, sonst nichts. Sie leihen sich von Freunden Teller, Tassen, Löffel und eröffnen am Marktplatz in Coroico ein Einzimmercafé. Spezialität sind hausgemachte Waffeln. Zweites Kapitel: der Aufstieg. Die Waffeln werden zum Renner, Marita und Hugo können das Leihgeschirr bald durch eigenes ersetzen, und als ihr „La Casa", ein Restaurant mit fünf Fremdenzimmern, eröffnet, sind sie angesehene Geschäftsleute. Die Schar der Gratulanten jedenfalls ist groß. Drittes Kapitel: Das Glück hat drei Namen, zum Erfolg gesellt sich Familie. Mayra wird geboren, drei Jahre später folgt Cindy und dann, nach fünf Jahren, das Nesthäkchen Laura.

Hugo ist stolz wie Oskar, haben doch alle drei seine Haut, seine Augen, seine Haare: Sie haben, ganz unübersehbar, das stolze Gesicht seines Landes. Dass dazu, was erst auf den zweiten Blick zu erkennen ist, Charisma, Aufgeschlossenheit, Disziplin und Durchsetzungsvermögen als Mitgift der Mutter kommen, welch wunderbare Fügung und wie hilfreich für die Leichtigkeit des Seins im dörflichen Miteinander. Schließlich sind rund 50 Prozent der Einwohner von Coroico Indios, 30 Prozent Mestizen und nur 20 Prozent „weiße" Bolivianer. Wer sich hier als Kind einer Fremden aus Deutschland behaupten muss, hat es besser, wenn er die Unterschiede nicht wie ein Muttermal mit sich trägt. Trotzdem gibt es sie. Mayra, Cindy und Laura leben anders, fühlen anders, denken anders; auch wenn sie es nicht wollen: sie sind anders.

Während Laura mit ihren vier Unschuldsjahren noch zu klein ist, um dies zu merken, und Mayra, die Älteste, zu vaterstolz, um dies zuzugeben, offenbart es sich bei der neunjährigen Cindy von Tag zu Tag mehr, dass sie zu einem Kind zwischen den Welten heranwächst – obwohl sie wie fast alle Kinder in Coroico die ganz normale öffentliche Schule besucht, freudestrahlend bei

nationalen Paraden mitmarschiert und sich ganz bestimmt nicht für etwas Besseres hält. Cindy ist wie Cinderella; ein bezaubernd bescheidenes Aschenputtel, das sich ein Märchenland erträumt.

Dabei ist Coroico ein Märchenland. Frag nach bei Cindys Schweizer Freundin Sarah: blass, zart, schmächtig, blondes Engelshaar und ebenfalls zum Knuddeln süß. Sarah lebt in einem Garten, der so gewaltig ist, dass man sich darin verlaufen kann. Sie wird von Privatlehrern unterrichtet, die aus Europa eingeflogen werden. Geschult in einem Haus, das nur sie und ihr Bruder besuchen. Und wenn Sarah auf ihrem Pferd den Privatpfaden zu ihrem Reitplatz folgt, könnte sie unterwegs eigene Bananen, Mangos oder Papayas ernten. Ja, ja, das Paradies in Coroico gibt es. Aber wo ein Himmel ist, gibt es auch eine Hölle.

Cindys zweite enge Freundin heißt Olivia, und sie wohnt nur ein paar Meter weiter am Ortsrand. Na ja, die Hölle ist ganz sicher schrecklicher, aber gemessen an Cindys oder gar Sarahs Luxusleben ist bei Olivia alles doch arg bescheiden. Ums Haus scharren die Hühner, drinnen teilt sich die fünfköpfige bolivianische Familie zwei Zimmer. Eine Wohnküche und ein Schlafzimmer, mehr hat der schmale Bau, der wie ein zerfleddertes Schwalbennest an einem Abhang klebt, nicht zu bieten. Während Cindy nach der Schule gemeinsam mit Sarah ausreitet, vor dem Computer sitzt oder sich spielend die Zeit vertreibt, steckt sich Olivia die Spitzhacke in den Gürtel und geht mit ihrer Familie aufs Feld, ackern. Ihr Papa sagt: „Feiern kann man nach Feierabend, deswegen heißt er so." Das Millionärskind Sarah und das Arbeiterkind Olivia trennen Welten. Und Cindy steht auch da dazwischen. Sie sieht aus wie Olivia, sie fühlt mit Olivia, aber sie denkt wie Sarah – auch wenn ihre Eltern nicht ganz so reich sind. Coroico, das heißt übersetzt: der Ort, wo es Gold gibt. Doch Gold für alle gibt es nirgendwo.

60

Jedes Land hat seine Geschichte – und seine Geschichten. Peru hat derer fast zu viele. Von der Hochkultur der Inka-Zeit bis zu den Drogenkriegen und Guerillakämpfen des 20. Jahrhunderts. In Peru ist nichts sicher, nicht einmal der Glaube. Eigentlich ist das Land zwar römisch-katholisch, aber wer vermag sich schon an die Kraft nur eines Gottes zu halten, bei all den Dämonen? Dass es Zauberei und Hexen gibt, kann man bestreiten – wenngleich es schwerer fällt, wenn man das erlebt hat, was wir erlebten ▪ ▪ ▪

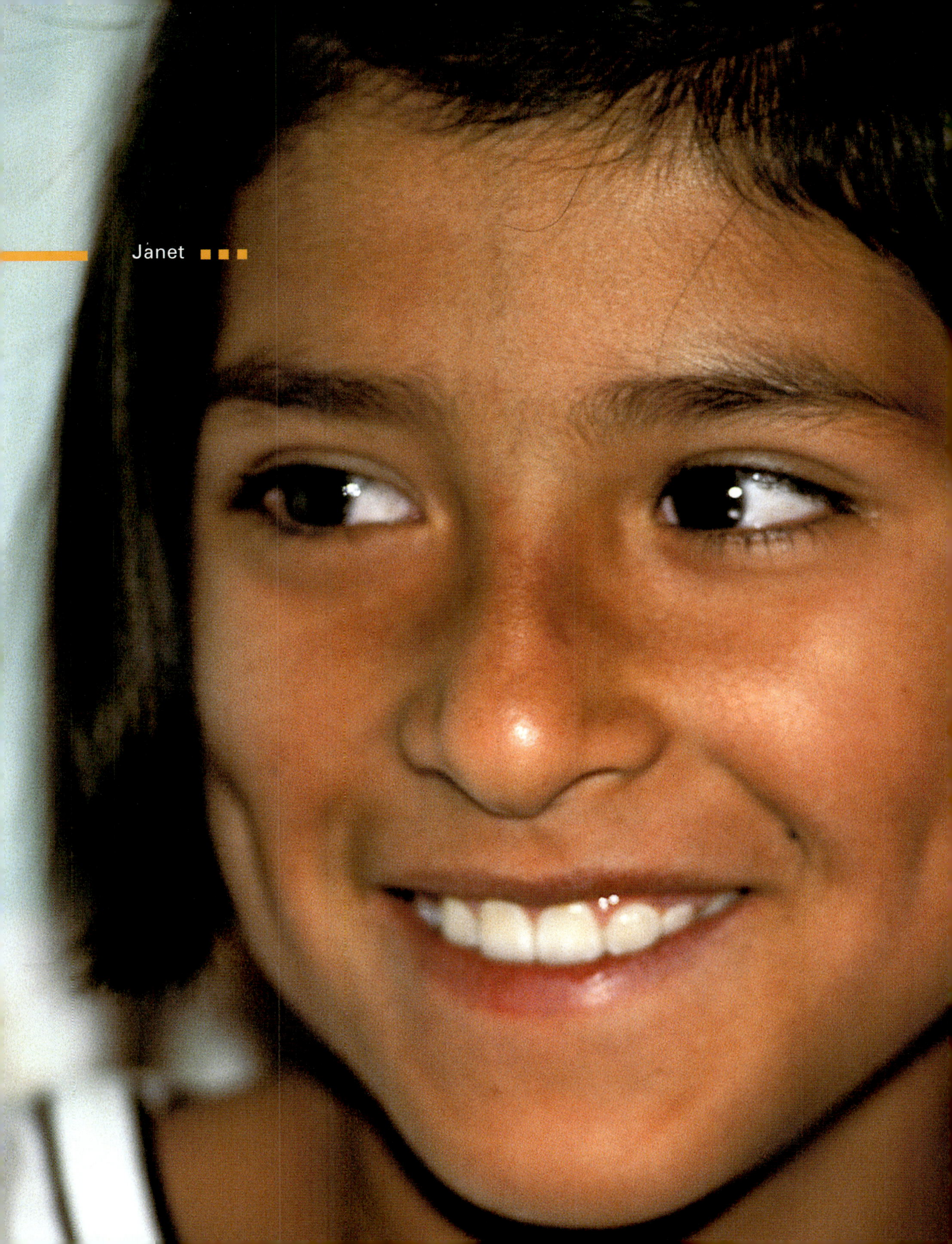
Janet

Das Kind der weißen Hexe

Es ist der 31. Mai 1970. In Jungai, wo die schwarzen und die weißen Kordillieren zusammentreffen und sich die Natur ganzjährig als einzigartiges Schauspiel inszeniert, gehört an diesem Tag einem Erdbeben die Bühne. Es macht die Menschen zu wehrlosen Statisten und tötet nach einer hinterhältigen Dramaturgie des Schreckens.

Der 31. Mai ist ein trister, ein trüber Tag. Die Berge verkriechen sich in den Wolken, als ahnten sie, was gleich passiert, als wollten sie wegsehen, weghören, weg sein; sie streifen sich die weißen Nebelschleier wie einen Mantel der Unschuld über. Und dann beginnt der Ort zu vibrieren, er schwankt, torkelt, bricht – und binnen Sekunden ist nicht mehr spürbar, wer stärker zittert: die Menschen oder der Boden unter ihren Füßen. Nachdem die Erde sich wieder beruhigt hat, zählt man die Opfer: viele Verletzte, doch nur vier Tote. Es hätte schlimmer, viel schlimmer kommen

können. Erleichterung beginnt die Tränen zu trocknen.

Was keiner ahnt: Das infame Stück ist noch nicht zu Ende, dem ersten Akt folgt nach einer kurzen Pause ein grausamer zweiter. Es ist genau 15 Uhr, als die Nordostflanke des 6900 Meter hohen Huascaran als Folge des Erdbebens abbricht. Von der Wolkenwand verborgen, rast eine riesige Lawine aus Geröll und Eis auf den Anden-Ort zu, begräbt die Stadt unter sich. Fünfzigtausend Menschen werden erschlagen, erstickt, erdrückt. Jungai gibt es nicht mehr. Nur bei den Kreuzen der Verstorbenen, da ist noch Leben. Just auf dem Friedhofshügel, dem höchsten Punkt in der Stadt, hatte ein Zirkus sein Zelt aufgeschlagen und nachmittags eine Vorstellung gegeben. So kam es, dass viele Kinder diesen 31. Mai 1970 überlebten. Und sie bauten ein neues Jungai. Eine Stadt der Lebenden neben der Stadt der Toten. Bereits zum dritten Mal musste die Ansiedlung nach einem Erdbeben neu aufgebaut werden. Und die dort oben in den Bergen wissen auch, warum ausgerechnet Jungai immer wieder in Schutt und Asche versinkt: Der Ort ist verhext!

„Unsinn“, kommentieren wir diese fast dreißig Jahre alte Historie und fahren die fünf Kilometer weiter nach Caraz, wo wir in einer Herberge von deutschen Einwanderern ein paar Tage ausspannen wollen. In einem schmutzigen Viertel, hinter einem die Welten trennenden Eisentor, offenbart sich für den ankommenden Gast eine Insel des Glücks: Blumen allüberall, ein lieblicher Teich, ein kristallklarer Bach, der sich als glitzerndes Band gurgelnd durch den Farn schlängelt, Pferde, Hunde, Katzen – lebende Motive in einem wie gemalt erscheinenden Garten Eden. Hier ist der rechte Platz, um sich verwöhnen zu lassen. Uns wundert nur eines: Warum sind wir die einzigen Besucher in diesem Zauberreich? Da bekennt Rainer, der Wirt, dass er froh sei, überhaupt

wieder Gäste zu haben. Und er setzt sich zu uns an den Wirtshaustisch und erzählt seine Geschichte, von der er schwört, dass sie wahr sei. Jedes Wort.

Eines Tages, so beginnt er, und das sei noch gar nicht lange her, da sei über das Eisentor ein schwarzes Huhn auf sein Grundstück geflattert. Da alle Nachbarn Hühner hätten, die frei herumliefen, sei das nichts Außergewöhnliches gewesen, der Besitzer würde es schon wieder abholen. Dieses schwarze Huhn aber schien niemand zu vermissen. So blieb es denn in der Herberge und legte jeden Tag, wie es sich für ein anständiges Huhn gehört, ein Ei. Doch vom Tag seines Erscheinens an klopfte niemand mehr an die Eisentüre. Die Gäste blieben aus. Wochenlang, monatelang. Rainer und seine Frau konnten sich keinen Reim darauf machen. Es war doch Saison, und wie immer besuchten Touristen auch Caraz. Nur zu ihnen, zu ihnen kam niemand mehr. Und so merkwürdig still war es. Die Vögel sangen nicht mehr, die Frösche im Teich blieben stumm, kein Windhauch bewegte die Zweige der Büsche, und selbst der Bach verkroch sich lautlos im Gras. Eine unsichtbare Glocke des Schweigens lag über dem Anwesen. Bis eines Tages wieder ein Fremder an das Tor klopfte, sich kurz umsah und dann fröstelnd sagte: „Hier stimmt etwas nicht. Tut mir Leid, hier will ich nicht bleiben." Beim Hinausgehen drehte er sich noch einmal um und fragte: „Kann es sein, dass dieses Haus verhext ist?" Rainer und seine Frau glaubten bis dahin die Spukgeschichten nicht, die man sich in den Kordillieren erzählt. Trotzdem baten sie noch am selben Tag eine Hexe aus dem Dorf um Hilfe.

Maria Cano Pafuelo ist eine Frau von neunundvierzig Jahren. Sie betreibt in Caraz ein kleines Lebensmittelgeschäft und kümmert sich liebevoll um ihre achtjährige Enkelin Janet, die von ihrer Mutter zurückgelassen worden war, als diese auf

Nimmerwiedersehen in der Hauptstadt Lima verschwand. Anfangs hat Janet geweint, doch jetzt sagt sie Mama zur Oma und ist stolz darauf, das Kind einer Hexe zu sein.

Gemeinsam gehen Großmutter und Enkelkind hinauf zum Haus der Deutschen, um es von den bösen Geistern zu reinigen. Sie haben Blumen dabei, die in heißem Weihwasser gesiedet wurden, zwölf Kerzen, und auf ein weißes Blatt Papier müssen Rainer und seine Frau die Umrisse ihrer rechten Hand malen. Maria, die Hexe, schreibt mit der linken Hand ihre Namen darunter. Dann werden in alle Ecken des Hauses die Blumen und die angezündeten Kerzen verteilt, und Maria murmelt immer wieder denselben Spruch: „Weiche Satan aus diesem Haus, damit Gutes einziehen kann." Als die Hexe und ihr Enkelkind das Anwesen verlassen, passiert es: Das schwarze Huhn fällt, wie von einer Kugel getroffen, tot um. Gleichzeitig beginnen die Vögel wieder zu singen, der Wind streichelt die Blumen, die Frösche quaken lauter denn je, und der Bach sprudelt wie edler Champagner. Noch am selben Tag trifft ein Brief aus Lima ein: Sechzehn Mitarbeiter der deutschen Botschaft melden sich für das kommende Wochenende an. Die ersten Gäste seit Monaten. Rainer schaudert es noch heute, wenn er die Geschichte erzählt. Aber er schwört erneut: „Jedes Wort ist wahr."

Am nächsten Morgen beschließen wir, Maria und ihr Hexenkind zu besuchen und uns alles ganz genau erklären zu lassen. Warum es weiße, schwarze und rote Hexen gibt. Welche Bedeutung die Blumen haben und was es mit dem Abdruck der Hände auf sich hat.

Extra wegen uns hat sich Maria besonders fein gemacht. Als wir kommen, bürstet sie noch ihr Haar und knipst sich Ohrringe an: Schönheit ist also keine Hexerei. Auch die kleine Janet ist fesch

herausgeputzt. Dann führen sie uns in ein schmuckloses Zimmer gleich hinter dem Laden. Hier ist ihr magisches Reich. Auf dem Tisch stehen ein Totenkopf, der Pancho heißt, Bilder der Jungfrau von Huata, des Sankt Martin und des Heiligen der Justiz. Dann gibt uns die achtjährige Janet eine Lehrstunde in Hexerei, zeigt, was sie von ihrer Oma gelernt hat. Die hat schon früh erkannt, dass auch ihr Enkelkind magische Kräfte besitzt. So kommt es, dass Janet jetzt auch in den Ferien zur Schule geht: in die Hexenschule ihrer Oma.

Janet beginnt uns die Kraft der schwarzen und roten Hexen zu erklären. Wer immer einem Menschen Böses wünsche, diese schwarzen und roten Hexen hätten die Macht, Unheil zu stiften. Das Einzige, was sie dafür bräuchten, sei ein persönlicher Gegenstand des Opfers. Ein Büschel Haare, ein Stück Stoff oder auch ein Foto – und natürlich Geld. Bei den bösen Hexen, auch das weiß die achtjährige Hexenschülerin Janet, ist nicht einmal der Tod umsonst. Andererseits: Auch die guten weißen Hexen lösen den Bann nicht kostenlos.

Und was hat es mit den in Weihwasser gesiedeten Blumen auf sich? Und welche Bedeutung haben ihre Farben? Auch das kann Janet erklären: Das Weihwasser hält den Teufel fern. Gelb steht für Glück, Rosa für Erfolg, Rot ist gegen das Böse und Weiß neutralisiert. Deshalb, so ergänzt Oma Maria, hätten alle Marktfrauen in Peru irgendwo an ihrem Stand Blumen in diesen Farben in einer Vase mit Weihwasser stehen. Sozusagen als Schutzschild gegen die üblen Pläne der Konkurrenz. Und für was braucht man den Umriss der Hand? Janet zeigt es uns: Hinter den Bildern der drei Heiligen steckt ein ganzes Bündel solcher persönlichen Steckbriefe. Reiche Leute und arme, intellektuelle und naive, Politiker und Geschäftsleute wie Rainer – sie alle haben ihre Hand auf ein

Blatt gelegt und diese mit Kugelschreiber nachgezeichnet. Fünfzehn Tage muss das Papier unter dem Schutz der Heiligen bleiben, damit das Böse nicht sofort zurückkehren kann.

Wie immer man diese Geschichten werten mag, wir haben es nicht gewagt, uns darüber lustig zu machen. Zumal uns Maria noch kostenlos die Karten gelegt und einen erfolgreichen Ausgang unserer Reise prophezeit hat. Eines beruhigte uns dann aber doch: Als wir mit Janet nach den Fotoaufnahmen über den Markt von Caraz bummeln und es ihr freistellen, sich als kleines Dankeschön für ihre Mithilfe ein Geschenk auszusuchen, da entscheidet sie sich freudestrahlend für eine Barbie-Puppe aus den USA. Auch Hexenkinder sind zuweilen ganz normale Kinder.

Gibt es in Ecuador mehr Wachmänner oder mehr Bananen? Überall diese schwarz gekleideten Gestalten mit dem Finger am Abzug: ob vor Banken, Hotels, Geschäften, Garagen, Tankstellen, öffentlichen Gebäuden oder privaten Wohnungen – in der Millionenmetropole Guayaquil wird sogar der Fast-Food-Fan bei Burger King von einem Sheriff mit kugelsicherer Weste und Repetiergewehr beschattet. Wir flüchten aus dieser Stadt, in der jeder jedem zu misstrauen scheint, wir wollen aufs friedlichere Land. Aber auch der Weg zur „Farm Clementina", wo wir Fernando treffen werden, ist versperrt: wieder Wachen, wieder Waffen, wieder Widerstand. Doch als die Schranken sich schließlich heben, fahren wir in eine andere, in eine wundersam ausgeglichene Welt. Wenngleich es auch hier um Leben und Tod geht – und um den Schutz von Millionen kleiner grüner Babys ■ ■ ■

Fernando

Im Land der grünen Babys

Wir sind in einem Land im Land. Das sich selbst zermürbende Ecuador, das liegt da draußen, jenseits der Schranke, die Gut und Böse trennt wie ein Lehrer den Tunichtgut vom Musterknaben. Großblättriges Grün hat uns augenblicklich geschluckt, versteckt, umschlossen; es beschützt uns wie ein Kokon die Raupe. Hier, auf einer der größten Bananenplantagen Ecuadors, dem Äquator schweißtreibend nahe, ist der Mensch nur Helfershelfer; den Rhythmus bestimmt die Natur, sie allein ist das Maß aller Dinge. Und im Mittelpunkt steht eine erst harte, grüne und dann weiche, gelbe Frucht, der die Einheimischen alles verdanken: den Arbeitsplatz, die Wohnung, die Schulbildung, den bescheidenen Wohlstand, ja selbst den Arzt, den man nicht bezahlen muss. Nie wieder, so schwören wir uns nach diesen Tagen, werden wir eine Banane grundlos zermanschen. Und nie wieder werden wir ein Land als Bananenrepublik diskriminieren – Ignoranz ist gefährlicher als Dummheit.

Fernando Carlos Dicado weiß das, ohne dass es ihm je wer gesagt hätte. Er ist auf der „Agricola Clementina“ geboren, aufgewachsen in einem Holzhaus, das auf Pfählen steht, damit die Pflanzen Untermieter bleiben können. Er kennt den Wert des nahen Baches, der Trinkwasser, Kochwasser und Waschwasser liefert, der sein Pferd und die Reispflanzen tränkt. Er weiß, wann der Kakao und der Kaffee geerntet werden müssen, wann die Bohnen reif sind und wann das Korn. Die Natur zu missachten, so dumm sind vielleicht betonversiegelte Europäer, nicht aber ecuadorianische Kinder. Und obwohl er erst zwölf ist, weiß Fernando noch viel, viel mehr.

Wie hoch wird ein Bananenbaum? „Drei Meter.“ Was wiegt eine Bananenstaude? „Zwanzig bis sechzig Pfund.“ Wie lange dauert es, bis aus einer Blüte Bananen werden? „Drei Monate.“ Wie viele Bananenbäume gibt es auf der Plantage? „Drei Millionen.“ Wie viele Menschen arbeiten auf der Farm? „Mein Vater.“ Natürlich stimmt auch das, aber dass 2299 Frauen und Männer ihm dabei helfen, das verschweigt Fernando spitzbübisch lächelnd. Eines weiß er dann aber wieder ganz genau: „Bananen muss man pflegen wie ein Baby.“ Als Fernando dabei in unsere ungläubigen Gesichter blickt, sagt er nur: „Kommt mit, ich beweise es euch.“ Da haben wir schon als Kleinstkinder Bananen gemampft, und erst jetzt, als fast schon wieder alte Männer, lernen wir, wie kostbar diese Frucht ist, wie viel Zuwendung sie braucht – und wie grausam sie letztendlich geerntet wird.

Mit Vaters Buschmesser in der Hand führt uns Fernando durch den Bananendschungel. Bäume, so weit das Auge reicht. Jeder größere trägt eine Staude, die aus bis zu 150 noch grünen Früchten besteht. Und alle streben sie, sich um die größeren Geschwister biegend, der Sonne entgegen (darum ist die Banane krumm). Seltsam

nur: Jede Staude steckt in einem Plastiksack und trägt eine bunte Schleife. Gelbe Bänder, rote, grüne, blaue, violette. Ein verwirrendes Farbenspiel im tropischen Einheitsgrün. Fernando klärt auf: Die Plastiksäcke schützen die Bananen vor Insekten, die Farben kennzeichnen den Reifestand. Jede Staude bekommt jede Woche ein neues Kennzeichen, wird geputzt, wird vermessen. Jetzt ist uns auch klar, warum Fernandos Vater so viele Helfer braucht: bei drei Millionen Bäumen! Und noch sind die Bananen nicht geerntet, gewogen, gewaschen, nicht verpackt, verladen und verschickt.

Und deshalb zeigt uns Fernando, wie man Bananen erntet und warum er das Furcht einflößende Buschmesser mitgenommen hat. Mit zwei schnellen Hieben schlägt er eine Kerbe in das weiche Fleisch eines Baumes, der die Last seiner Früchte nun nicht mehr zu tragen vermag und langsam, ganz langsam, knickt. Unter dem

sich neigenden Blätterdach wartet bereits ein Arbeiter mit einem gepolsterten Brett, auf dem die Bananenstaude sanft landet. Noch zwei Hiebe, und die Arbeit ist getan. Der eine trennt die Frucht vom Baum, der letzte fällt den bereits verwundeten Stamm. Was ganz leicht ist: Das Buschmesser durchschneidet ihn wie Butter.

Das Kind sieht erneut in die verwirrten Augen zweier Erwachsener. „Warum", so fragen wir, „musste der Baum sterben? So gesund, so kraftstrotzend, wie er war, hätte er doch noch viele Bananen geboren." Fernando schüttelt den Kopf. „Nein, nein, ein Bananenbaum trägt in seinem Leben nur einmal Früchte." Er deutet mit seinem Finger auf den Kreislauf der Natur: Neben dem toten Mutterbaum, der nun als Dünger dient, ist bereits ein neuer Trieb, die Tochter sozusagen, herangewachsen. Und ganz unten, noch winzig klein, da lugt als neugieriger Spross schon deren Kind hervor. Eine Generation löst die andere ab.

So wird das auch bei Fernando und Enrrique, seinem Vater, sein. Schließlich war es beim Groß- und Urgroßvater auch so. Und sogar schon dessen Vater hat auf der Plantage Clementina gearbeitet. Treue, die sich bezahlt macht. Enrrique verdient 500 Dollar im Monat. Ein normaler Arbeiter bekommt nur die Hälfte. Und während alle Häuser der Farm der Gesellschaft gehören, der „Bananeria Noboa", wohnt die Familie Dicado in den eigenen vier Wänden, hat ein Auto und besitzt sieben Hektar Ackerland, wo sie fast alles anbauen kann, was man zum Leben braucht. Ja, Papa Enrrique kann sich sogar Goldzähne leisten. Wen wundert es, wenn da der Sohn nur eines will: werden wie der Vater. Goldzähne inklusive.

Für uns ist das Abenteuer Südamerika zu Ende, wir wollen den Pazifik hinauf nach Mexiko. Tagelang suchen wir ein Schiff, das nicht nur den Landrover, sondern auch zwei Passagiere befördert, und haben schließlich Glück: Der Generalmanager der Ecuadorian Line, Mario Vernaza, bringt uns auf einem seiner gecharterten Frachter unter. Die „Discovery Bay" hat einen Kapitän aus Kroatien, eine Crew von den philippinischen Inseln, gehört einem Jamaikaner, wird von einer niederländischen Firma verwaltet und bringt Bananen aus Ecuador in die USA und nach Japan. Ein Land allein vermag den Globus nicht mehr in Schwung zu halten, die Reise in die Zukunft wird zur internationalen Gruppenfahrt. Bei der freilich nicht jeder zusteigen will. In Mexiko finden wir uns urplötzlich in der Vergangenheit wieder. Wir sind bei einer Familie zu Gast, die das Pendel der Uhr angehalten hat ▪▪▪

Johann

Der Junge, den die Zeit vergaß

Die Zeitreise beginnt im mexikanischen Bundesstaat Chihuahua auf der Route Nummer 10 von Neuvo Casas Grandes nach Janos. Wer hier, noch vor der Zollstation, an einem leicht zu übersehenden, bretterbudenschiefen Käseladen rechts die Teerstraße verlässt, der kann das 19. Jahrhundert gar nicht mehr verfehlen. Die staubige Piste führt ihn direkt in die Vergangenheit.

Wir kommen nicht unvorbereitet, haben ein Empfehlungsschreiben für Heinrich Braun im Campo 10 dabei. Auf dem kleinen karierten Zettel mit Fettfleck steht in deutscher Sprache: „Lieber Heinrich, diese zwei netten Menschen aus unserer Heimat wollen eine Geschichte über deine Familie und deinen Sohn Johann schreiben. Ich bin überzeugt, du wirst sie freundlich aufnehmen. Jacob." Diesen Jacob konnten wir zwar nur flüchtig kennen lernen, aber ohne seine Hoffnung machenden Worte wären wir schon nach ein paar Metern wieder in Richtung Gegenwart abge-

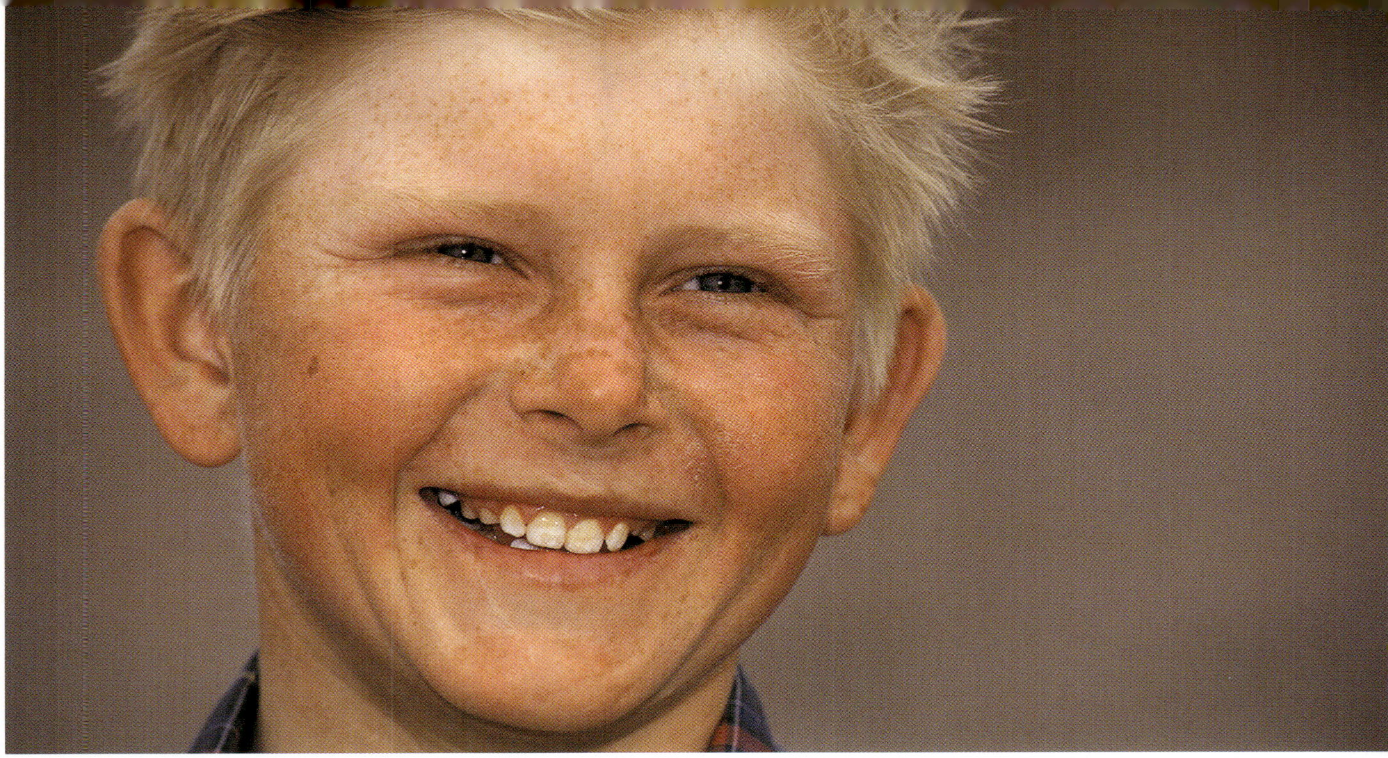

bogen; wir kommen uns vor wie die falsche Besetzung in einem Historienfilm. Um uns herum nur mehr Pferdewagen. Frauen mit Strohhüten sitzen in wallenden Kleidern erstarrt auf dem Kutschbock, keinen Gruß erwidernd. Männer in uniformen dunkelblauen Latzhosen schwingen abweisend die Peitsche, treiben die Gespanne im schnellen Trab vorbei. Und die Kinder hocken wie zu klein geratene Erwachsene stumm auf der klappernden Ladefläche: die Mädchen angezogen wie die Mütter, die Knaben wie die Väter. Das also sind sie, die Mennoniten.

Vor etwa 475 Jahren, als sich in Europa die Kirche reformierte und Martin Luther in Deutschland und Ulrich Zwingli in der Schweiz mit dem Papst in Rom brachen, waren ein paar Männer in Zürich der Überzeugung, dass die Erneuerung der Kirche viel weiter gehen müsste, als Luther und Zwingli dies anstrebten. Sie fanden, dass Kirche und Staat getrennt sein müssten, dass Christen keinen Eid schwören dürften, dass die Kindertaufe nicht biblisch sei und anderes mehr. Die Männer gaben sich den Namen „Die Brüder" und schafften auf Anhieb eines: Sowohl die katholische als auch die reformierte Kirche verfolgte sie unbarmherzig. Doch überall, wohin sie flohen, entstanden neue Gemeinden. In den Niederlanden und im nördlichen Teil Deutschlands verbreiteten sie sich besonders schnell. 1536 schloss sich ein Mann namens Menno Simon, ein katholischer Priester, den Brüdern an und wurde schon ein Jahr später deren Oberhaupt. So kam es, dass bald nur noch von den Mennoniten die Rede war. Wie sie von Preußen, wo sie sich den Ruf tüchtiger Bauern erwarben, nach Mexiko kamen, das dauerte zwar ein paar Jahrhunderte, ist aber schnell erzählt, da ihre Flucht erst nach Russland, später nach Kanada und schließlich, 1920, ins derzeit gelobte Land immer die gleichen drei Gründe hatte: Die Mennoniten weigern sich, den Militärdienst abzuleisten,

die Landessprache zu lernen und sie schicken ihre Kinder nicht in öffentliche Schulen. Ihr Grundsatz: „Die Bibel ändert sich nicht, also ändern wir uns auch nicht."

Unsere Spießrutenfahrt mit dem Auto durch das Mennoniten-Dorf ist endlich zu Ende. Mit unserem freundlichsten Wir-tun-euch-nichts-Sonntagsgesicht klopfen wir am Campo 10. Es dauert. Schließlich öffnet eine Frau in wallendem Kleid. Statt Strohhut trägt sie Kopftuch, erwidert unseren Gruß nicht. Wir sagen, dass Jacob uns geschickt hat, zücken unser Fettfleckpapier – und hoffen. Zettel und Frau verschwinden, es dauert erneut. Dann kommt die Frau, wir sind uns nicht sicher, ob es dieselbe ist, mit unserem Schreiben und einer knappen Antwort zurück: „Heinrich Braun kommt um sechs." Wir bedanken uns artig und kündigen an wiederzukommen. Ein Nicken, die Fliegengittertüre klappert ins Schloss, wir stehen verlassen in der Mittagssonne. Zum Glück ist das Campo 10 der letzte Hof der Siedlung, wir können also auf freiem Feld den Abend herbeilesen, ohne wegen unseres motorisierten Wagens fortwährend angefeindet zu werden. Um sechs Uhr ist Heinrich Braun dann aber doch nicht zu Hause. Und auch nicht um sieben. Und immer noch nicht, als es um acht zu dämmern beginnt. Wir bedanken uns artig zum vierten Mal und kündigen gleich bleibend strahlend an, es morgen eben noch einmal zu versuchen. Und zum vierten Mal fällt abweisend klappernd die Fliegengittertüre ins Schloss. Wir sind mittlerweile davon überzeugt, dass es uns nie gelingen wird, auch nur einen Fuß über die Schwelle dieses Hauses zu setzen.

„Kommt doch herein!" Der Mann mit dem kugelrunden, noch etwas verschlafenen Gesicht begrüßt uns wie alte Bekannte, und ehe wir uns versehen, sitzen wir in der geräumigen Wohnküche. Heinrich Braun ist da und bittet zum Früh-

stück. Es gibt Blutwurst und Griebenschmalz, Himbeermarmelade und Weißbrot, Tortillas, Käse, Bohnen, Bratkartoffeln, Ketchup, Butter, Kekse, Milch und Kaffee, den unsere Gastgeber von der Tasse in den Unterteller schütten und dann schlürfen. Heinrich Braun, geboren am 14. Januar 1955 in Mexiko, fragt nach: „Eine Geschichte über uns Mennoniten wollt ihr schreiben? Wenn ihr bei der Wahrheit bleibt, seid ihr herzlich willkommen." Auch die Frau von gestern ist da, von der wir glaubten, es müsse die Bäuerin sein. Aber es ist die einundzwanzigjährige Anna, die älteste Tochter der Brauns, und jetzt, nachdem der Vater seinen Segen gegeben hat, grinst sie übers ganze Gesicht und nickt uns aufmunternd zu. Fast die ganze Familie ist versammelt: Mutter Anna, zweiundvierzig und zum zehnten Mal schwanger, die neunzehnjährige Sarah, die achtzehnjährige Katharina, Helena, fünfzehn, und Edith, die dreizehnjährige. Von den Buben sitzen Jakob, siebzehn, mit am Tisch und der sechsjährige Cornelius, den die Kuh getreten hat und der deshalb noch ein paar Wochen auf Krücken humpeln muss. Der zehnjährige Heinrich und der elfjährige Johann sind in der Schule. Vater Braun hat sich, als wir ihn nach dem Alter seiner Kinder fragten, von Mutter Braun helfen lassen müssen. Bei neun Kindern verwechselt man schon mal das eine mit dem anderen. Leichter geht ihm da über die Lippen, was er sonst noch besitzt: dreißig Kühe, siebenundzwanzig Schweine, zwanzig Hühner, vier Pferde, drei Traktoren, zwei Pferdewagen, zwei Kutschen, zwei Hunde, einen Mähdrescher und eine Melkmaschine.

Und irgendwie zählt er uns nun auch zu seinem Besitzstand. Wir sollen ihn doch zum Campo 1 begleiten, er muss da hinterlegen, wie viele Felder er in diesem Jahr bewirtschaften will. Wir fahren also wieder durch das Mennoniten-Dorf, diesmal standesgemäß mit nur einer PS. Wir

grüßen nach rechts, wir grüßen nach links, und siehe da: Die Männer nicken zurück, die Frauen lächeln, die Kinder winken, Heinrich strahlt. „Gäste aus Deutschland", lässt er jeden wissen. Nicht mehr wir schauen uns die Mennoniten an, die Mennoniten schauen uns an, so einen Besuch hatten sie noch nie. Wir schütteln Hände, besichtigen die dorfeigene Käserei, die Kirche mit dem riesigen Pferdeparkplatz drum herum und winken erst ermüdet ab, als uns Heinrich auch noch die Krankenstation zeigen will. Sicher gäbe es da nicht viel zu sehen, so gesund, wie die Mennoniten lebten, scherzen wir.

Am Nachmittag treffen wir dann endlich den elfjährigen Johann, dessen Leben wir ja eigentlich beschreiben wollten. Johann muss dem Wort Lausbub Pate gestanden haben: blondes Wirrhaar, Fingernägel mit Trauerrand, Hemd mit durchgewetzten Ellenbogen und Latzhose mit Rissen. Englisch oder Spanisch spricht auch er nicht, nur diesen eigenartigen plattdeutschen Dialekt, den wir uns mehr zusammenreimen müssen, als dass wir ihn verstehen. Was, so denken wir, könnte aus Johann werden, wenn er, sagen wir mal, in Oxford aufwüchse, oder in Kapstadt, Berlin oder Houston: Raumfahrer, Chirurg, Forscher, Staatspräsident oder wenigstens Universitätsprofessor. Aber Johann wächst im Campo 10 auf, und in der Schule gleich gegenüber üben sie nur Rechnen und Schreiben und lesen stundenlang in der Bibel. Der Lehrer ist eigentlich Bauer und steckt, wie alle, in dieser blauen Latzhose. Sein Einmaleins des Lebens ist schnell gelehrt: Zehn Kinder macht zwanzig Hände, die zupacken können. Johann hat seine Hausaufgaben erst erledigt, wenn er den Roten vor den Wagen gespannt und dem Bauern am anderen Ende des Dorfes das vom Vater versprochene Öl gebracht hat.

Johann weiß nicht, dass es um ihn herum eine vernetzte Welt gibt, dass man ins Flugzeug

steigen und über den Wolken mit seinen Freunden telefonieren kann, dass man jetzt gleich ankommt. Die Mennoniten haben kein Telefon, kein Radio, keinen Fernseher. Elektrizität, so sagen sie, sei Teufelswerk. Und Papa Heinrich sagt: „Wir wissen nichts!"

Wir könnten noch lange erzählen von Johann, dem Jungen, den die Zeit vergaß. Der so viel kann und doch so wenig weiß. Wird er eines Tages ein Auto fahren? Ins Kino gehen? Radio hören? Oder ist ihm seine Welt groß genug? Als wir kamen, waren wir sprachlos. Jetzt, als wir fahren, sind wir ratlos.

Nach Südamerika und Mexiko nun die Vereinigten Staaten von Amerika, ein Land, das die ganze Faszination dieser Erde in sich vereint: grenzenlose Weite und pulsierende Städte, die sich in den Himmel bohren. Wüste und Wasser, Gletscher und Geysire, Sumpf und Steppe, bemalt mit den Farben des Regenbogens: grellrot die Felsen, orange der Sand, zartgelb die wogenden Weizenfelder im Wind, saftgrün das Gras, tiefblau die Seen und violett der Himmel, wenn die Sonne schwindet. Arizona, New Mexiko, Texas, Louisiana, wir sehen viel, bis der Mississippi uns sieht. Hier hatten wir auf Tom Sawyer und seinen Freund Huckleberry Finn gehofft, und dass wir uns auf eines ihrer Abenteuer einlassen könnten. Doch dann kommt der Bürgerkrieg Nordstaaten gegen Südstaaten dazwischen, und all unsere Hoffnungen sind vom Winde verweht ...

Claire

Die junge Scarlett

Sanft streichelt der Wind das Gras, schüttelt den Tau von den Halmen, wirbelt um die alten Eichen und fliegt mit den Vögeln zum Mississippi hinüber. Doch es wird kein schöner Tag. Am Waldrand ziehen schon die Blauröcke auf: Säbel blinken, Gewehre drohen, der Atem kurz gezügelter Pferde mischt sich dampfend in den Morgennebel. In Sichtweite gegenüber das gleiche Bild, die gleiche Entschlossenheit: Nur die Röcke sind grau. Dann weht der Wind diese schaurige Melodie übers Feld: dieses Pfeifen der Flöten, das schrittmachende Wirbeln der Trommeln, den dumpfen Knall der Kanonen, das Bellen der Büchsen, das Klirren der Säbel und die Todesschreie der Sterbenden. Als sich der Nebel lichtet, streift der Wind über blutrotes Gras, und ein Mann mit schwarzem Zylinder zählt die Opfer. Die Nordstaaten haben wieder eine Schlacht gewonnen, die Südstaaten eine neue Armee von Witwen. Am Nachmittag ist dann alles anders. Da triumphieren die Südstaatler, und die Tränen der Nordstaaten-Frauen waschen das Gras wieder grün.

Wir sind auf Oak Alley, in einem dieser herrlichen Herrschaftshäuser am Mississippi, die den Bürgerkrieg anno 1865 unbeschadet überstanden haben und nicht von den siegreichen Nordstaatlern niedergebrannt wurden. Es ist ein wunderschöner Spätherbsttag und es herrscht reges Treiben. Im Park wurden Zeltstädte errichtet, es riecht nach gegrilltem Hammelfleisch, überall knistern Holzfeuer, und unter der mächtigen Eichenallee führen die Frauen ihre Kleider spazieren und machen gleichermaßen den Grauröcken wie den Blauröcken schöne Augen. Welch friedfertiges Bild nach dem Schlachtengemälde noch vor einer halben Stunde. Doch das steht natürlich im Mittelpunkt, wenn die Leute aus der Umgebung

hier vor historischer Kulisse einmal im Jahr Bürgerkrieg spielen. Ein typischer Familienspaß à la USA: Vom Kleinkind bis zum Großvater sind alle herausgeputzt wie im 19. Jahrhundert, und es sieht aus, als würde „Vom Winde verweht" neu verfilmt.

Wer die Rolle der jungen Scarlett spielen würde, steht außer Frage: Dort sitzt, pardon, dort ruht sie gerade unweit der Veranda auf einer über den Rasen geschlagenen Wolldecke. Und – wie kann es anders sein – natürlich steht neben ihr schon ein Bengel, der ihr den Hof macht. Ein in der Tat ausnehmend hübsches Mädchen, zwölf, vielleicht dreizehn Jahre alt, gertenschlank, das lange Haar zum Zopf gebunden, eine Haut wie Elfenbein. Und in ihrem Kleid sieht sie wirklich aus, als sei sie die künftige Herrin auf Oak Alley.

Scarlett heißt im wirklichen Leben Claire Carpenter und ist zwölf Jahre alt. Der vermeintliche Verehrer ist ihr zehnjähriger Bruder Daniel. Mutter Clilie ist ebenfalls mitgekommen, wenn auch nicht als Südstaaten-Braut. Doch selbst in Jeans ist sie vom Scheitel bis zur Sohle eine Dame, und man kann nicht übersehen, von wem die Tochter Anmut und Grazie geerbt hat. Claire ist, wie sich herausstellen wird, ein außergewöhnliches Kind, und die Carpenters sind eine für Amerika ungewöhnliche Familie.

Die Carpenters wohnen nicht weit von Oak Alley, es sind nur ein paar Meilen bis zur River Road. Wo der Mississippi eine kleine Flussinsel umspült und behäbig dem Golf von Mexiko entgegentreibt, führt ein langer Kiesweg zu ihrem Anwesen. Linkerhand ein kleines Häuschen, das an eine allein stehende Mutter mit dreijähriger Tochter vermietet ist, dann, rechts, das Wohnhaus der Carpenters. Charles, dreiundfünzig Jahre alt, hat es Brett für Brett selbst gezimmert. Sein Hobbyraum ist denn auch etwas größer als

der normaler handwerksfreudiger Väter: Das ganze Erdgeschoss des dritten Hauses ist seine Schreinerei, und geht man die breite Holztreppe hinauf in den ersten Stock, steht man in einem Klassenzimmer. Aber davon später mehr.

Links vor einer Baumgruppe hat Charles das vierte Holzhaus errichtet, einen Stall für die Pferde. Die Carpenters sind begeisterte Reiter, und nicht nur das eigene Grundstück ist groß genug zum Aufgalopp, entlang dem Mississippi kann man stundenlang im Sattel sitzen. Bei all dem Reichtum gehören die Carpenters aber nicht zu den wirklich Reichen Amerikas. Charles ist Ingenieur, Clilie war Chemikerin, bevor die Kinder kamen. „Fleiß", sagt Charles, „Fleiß ist mehr wert als ein Bündel Dollarnoten."

Diese Lebenseinstellung wollen Charles und Clilie ihren Kindern vererben. Sie sind gläubige Baptisten, und die Charakterbildung ist ihnen noch wichtiger als Schulbildung. Der Sonntag gehört der Kirche, vor den Mahlzeiten wird gebetet und darüber nachgedacht, woher denn das alles kommt, was da auf dem Tisch steht. Weil das amerikanische System diese Werte nicht vermittelt, gehen Claire und Daniel auch nicht zur Schule. Sie gehören damit zu der immer größer werdenden Gruppe von „home-teached-children", die es mittlerweile in den Staaten gibt. Alkohol, Drogen, Sex, das Ehepaar Carpenter fürchtet, ihre Kinder könnten zwischen diesen verzichtbaren Prüfsteinen des Lebens zerrieben werden. Stattdessen ist Unterricht über der Schreinerei angesagt, von Montag bis Freitag von acht Uhr morgens bis drei Uhr nachmittags. Mit nur fünfzehn Minuten Pause. Doch die Mama ist keine allzu strenge Lehrerin, sie erzählt viele Geschichten, und Naturkunde wird in der Regel dort gelehrt, wo man sie riechen, schmecken und fühlen kann: im Freien.

Für den Teufel gibt es bei den Capenters nichts zu holen, auch wenn einige Neider glauben, wer so behütet erzogen wird, wird entweder Verbrecher oder Heiliger. Eine Heilige zu werden, da hätte Claire nichts dagegen. Sie will dabei aber so bescheiden bleiben wie ihr großes Vorbild Mutter Teresa.

Da haben wir also Mutter Teresa gefunden – und keine neue Scarlett. Auch gut, so bleibt ihr wenigstens dieser halbseidene Charmeur Rhett Butler erspart, der mit dem Bürgerkrieg seine Geschäfte machte. Claire hätte es auch nicht nötig, sich versorgen zu lassen. Sie verdient schon jetzt ihr eigenes Geld. Die Zwölfjährige malt so fabelhaft, dass eine Galerie in Baton Rouge ihre Bilder verkauft. Immerhin ist ein Claire Carpenter bereits vierhundert Dollar wert. Die Flusslandschaft, die ihre Mutter in ein paar Wochen als Weihnachtsgeschenk bekommt, ist ihr besonders gut gelungen, da macht Claire jeden Schriftsteller zum Bittsteller: Den Mississippi kann man nicht beschreiben, man muss ihn malen.

In Oak Alley ist mittlerweile auch die zweite Schlacht geschlagen. Die Toten sind wiederauferstanden, die Pferde verlangen nach Ruhe, Heu und Hafer, und auf den Kanonen haben sich die Spatzen niedergelassen. Claire freut sich auf den Abend, dann wird im flackernden Schein der Fackeln zum Tanz aufgespielt. Dafür hat sie sich extra ein neues, blütenweißes Kleid mitgebracht. Sie wird ihr Haar noch mal stecken und mit unschuldigem Augenaufschlag Knabenherzen zum Pochen bringen. Also doch Scarlett? Und so richtig es auch ist, sie vor den Versuchungen dieser Welt zu bewahren – eine Frage bleibt über diesen warmen Spätherbstabend hinaus: Wer schützt die Männerwelt einmal vor ihren Verführungskünsten?

88

Nach dem Bürgerkriegs-Spektakel auf Oak Alley fragen wir uns: Müssen wir eigentlich noch nach Florida, ist Disney World nicht überall? Doch da uns nur mehr zwei US-Bundesstaaten von der größten Unterhaltungsshow der Welt trennen, ist die Frage eigentlich schnell beantwortet: Natürlich müssen wir nach Orlando, wir wollen doch hören, ob dort die Kinderherzen wirklich höher schlagen. Und da es kurz vor Weihnachten ist, wollen wir uns außerdem mit einer Reise zurück in die Kindheit selbst beschenken. Wir konnten ja nicht ahnen, dass wir mitten in die unglaublichste Weihnachtsgeschichte unseres Leben fahren würden ...

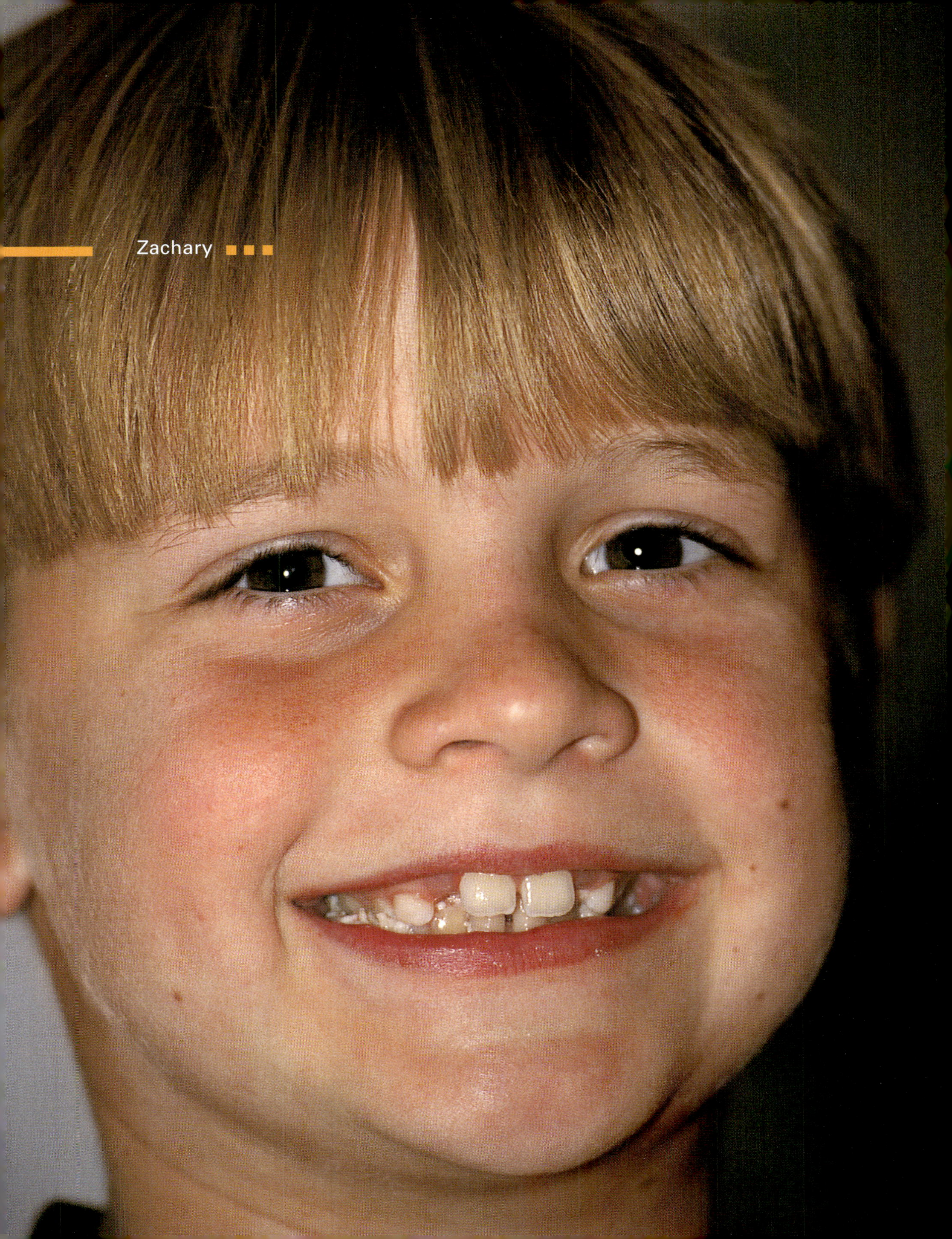

Zachary

Der beste Freund von Mickey Mouse

Zachary wurde am 2. Oktober 1989 als bisher einziges Kind der Schauspielerin Allyson Fisher in Orlando, Florida, geboren. Er ist nicht nur ein bildhübsches, sondern auch ein sehr kluges Kind, was bei seiner Einschulung einmal mehr deutlich wird: Weil er schon alles weiß, überspringt Zach, so sein Rufname, die erste Klasse und startet gleich mit der zweiten. Er spielt wie alle amerikanischen Jungs mit Vorliebe Basketball, schwimmt wie ein Korken, schaut sich im Fernsehen mit wilder Begeisterung Wrestling-Übertragungen an und sammelt, was man nur sammeln kann: Aufkleber, Plüschtiere, Sportberichte. Was es sonst noch über ihn zu sagen gibt? Ach ja, er bekommt zwei Dollar Taschengeld pro Woche und wohnt mit seiner Mutter in Haines City, ungefähr 15 Autominuten von Orlando entfernt, in einem netten Holzhäuschen: fünf Zimmer, Garage, Garten. Tagsüber ist er aber immer ein paar Meilen weiter bei den Großeltern, weil Mama Allyson arbeiten muss. Zach will einmal Mediziner oder Basketball-Profi werden und hat einen Traum: Michael Jordan, der Göttliche aus dem Sport-Olymp, soll nach Haines City herabsteigen und bei ihm einziehen. Das wäre ein Ding. Und noch eines: Zu Weihnachten wünscht sich Zach einen Computer mit Internet-Anschluss. Das ist aber nun wirklich alles im noch jungen Leben des Zachary Fisher. Bis auf das Wichtigste natürlich: Zach kennt Indiana Jones persönlich, und er ist der beste Freund von Mickey Mouse.

Es soll ja Leute geben, die finden Disney World blöd: zu laut, zu amerikanisch, zu viel Show und zu wenig Geist. Das sagen zumeist die, die noch nicht da waren. Wer sich jedoch traut, seine Kinderseele aus dem Panzerschrank seiner verschlossenen Erwachsenenwelt zu holen, um sie wie einen Drachen steigen zu lassen, für den wird

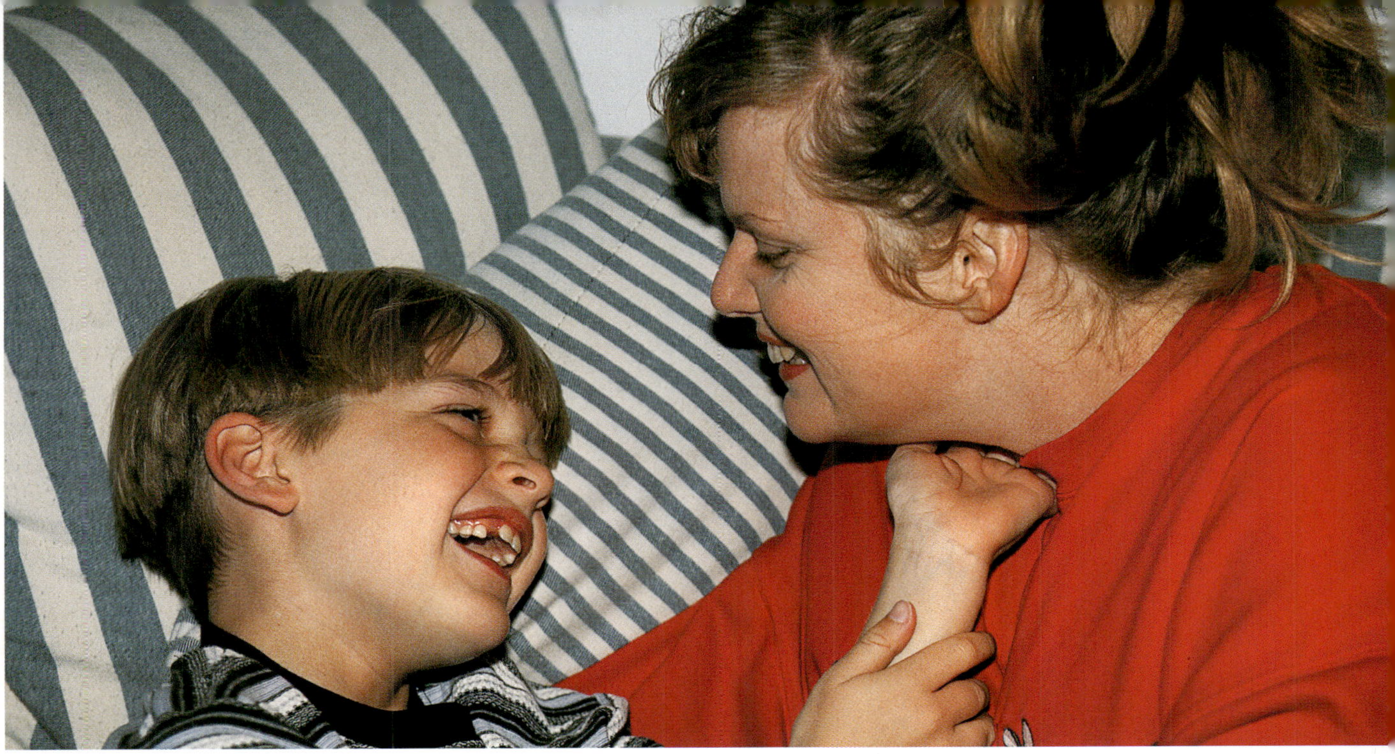

Disney World zum Jungbrunnen. Und wer sowieso noch jung ist, der soll es bleiben und den alten Miesmachern eine rotzfreche Nase drehen.

Mit Zach als Begleiter ist Disney World natürlich noch aufregender. Er war ja schon hier, als er noch gar nicht geboren war. Das geht nicht? Doch, doch, das geht. Allyson, seine Mutter, arbeitet schon seit elf Jahren in Disney World als Gutelaunemacherin. Und als sie schwanger war, da musste Zach mit. Ob er nun dagegen anstrampelte oder nicht. Und Mickey Mouse horchte immer an Allysons dickem Bauch, ob das winzige Kinderherzchen noch schlug.

Logisch, dass Zach vom ersten Erdenbürgerdaseinstag an Mickeys bester Freund war. Uns kommt das zugute. Nie und nimmer hätte uns Mickey in seinem Haus empfangen. Und auch Indiana Jones hätte uns nicht die Hand geschüttelt. Zach stellt uns alle seine Freunde vor: Wir sind zu Gast in Minnie's Country House und auf Goofy's Farm, wir treffen Tick, Trick und Track, streicheln Pluto, drehen mit Dumbo, dem fliegenden Elefanten, eine Runde, und schließlich führt uns der König der Löwen persönlich durch sein Magic Kingdom. Danke, Zach. Wir wissen es übrigens ganz genau: In diesen Momenten sind wir keinen Tag älter als unser achtjähriger Freund. Und weil es kurz vor Weihnachten ist, hat Zach noch ein Geschenk für uns: Er zeigt uns eine Disney-Welt, die man erst sehen kann, wenn es dunkel ist. Millionen Lichter bauen dann Häuser, ziehen Schlitten durch die Nacht, erschaffen Rentiere und lassen Weihnachtsbäume erstrahlen. Wer sich da nicht auf das Christkind freut ...

Mama Allyson hat uns den Computer schon gezeigt, der Zach am 24. Dezember überraschen wird. Das ganze Haus ist bereits liebevoll dekoriert, selbst der Tannenbaum steht schon. Am Heiligen Abend werden auch Oma und Opa kommen,

denn Weihnachten und Erntedank, das sind die zwei großen Familienfeste in den USA. Wenn wir über die Feiertage nicht nach Hause fliegen würden, wie gerne wären wir bei Zach geblieben. Aber wir müssen versprechen, dass wir ganz bestimmt wiederkommen.

Hier muss es doch sein! Wir verstehen nichts mehr. Natürlich wissen wir noch, wo Zach wohnt. Die paar Tage Europa können ja nicht ganz Haines City auf den Kopf gestellt haben. Aber alles sieht plötzlich anders aus. Wir fahren ein paar Mal im Kreis herum, immer mit dem gleichen Ergebnis: Wir sind sicher, dass wir richtig sind, und doch sind wir offenbar falsch. Vor Zachs Haus stand ein großer Baum, sein Basketballkorb hing über der Garagentür, und es hatte blaue Fensterläden. Nichts davon zu sehen. Die ganze Siedlung verlassen. Handwerker, die gerade einen Dachstuhl zimmern, können uns auch nicht weiterhelfen. „Zach? Allyson? Fisher? Nie gehört. Sorry." Was, um Himmels willen, ist passiert?

Zum Glück wissen wir, wo die Großeltern wohnen. Ob auch die spurlos verschwunden sind? Nein, ihr Haus finden wir sofort, strahlend werden wir umarmt: „Da wird sich Zach aber freuen." Gott sei Dank, er lebt. Und dann, nachdem wir uns auf Großmutters Sofa gesetzt haben, erzählt sie diese Geschichte:

Es ist der 27. Dezember, drei Tage nach Heilig Abend. Allyson hat in Disney World wieder acht Stunden lang hochnäsige Erwachsene zu glücklichen Kindern geschrumpft, sie ist erschöpft und geht früh zu Bett. Um Zach muss sie sich heute nicht kümmern, der ist bei den Großeltern väterlicherseits, Weihnachten rückt eben auch eine geschiedene Familie zusammen. Allyson schläft tief und fest, als sie plötzlich aus dem Bett fällt. Über sie hinweg schießen Glassplitter, die sich in

die Wand, in den Schrank, in die Tür bohren. Das Haus wackelt, bebt. Allyson sieht den Baum vom Vorgarten auf das Dach stürzen, Kleider, Stühle, Bilder fliegen durch die Luft, es blitzt, donnert und kracht. Dann, es ist noch keine Minute vergangen, ist der Spuk wieder vorbei. Nur der Regen prasselt durch ein riesiges Loch im Dach, peitscht durch die zerborstenen Scheiben. Im Nachthemd, klatschnass, wankt Allyson verstört in die Nacht hinaus. Es ist 4.20 Uhr.

Um 3.45 Uhr hatte der Rundfunk sein Programm unterbrochen, vor einem Tornado gewarnt, der auf Haines City zujage. Doch mitten in der Nacht hatte in der Siedlung keiner das Radio eingeschaltet. Die Warnung verhallte ungehört. Als der Morgen dämmert, wird das ganze Ausmaß der Verwüstung sichtbar. Die Bäume sind entwurzelt, die Dächer der Häuser abgedeckt, Türen und Fenster wurden Hunderte von Metern durch die Luft gewirbelt, Autos demoliert. Briefe, Fotos, Dokumente liegen im Schlamm verstreut und es regnet, regnet, regnet.

Als die Rettungswagen eintreffen, gibt es für die Feuerwehrmänner jede Menge zu tun, für die Sanitäter fast nichts. Nur acht Personen wurden leicht verletzt. Irgendwer erzählt dann als Erster die Geschichte vom Weihnachtswunder. Jedes Jahr wählen in dieser Gegend die Orte ein anderes Weihnachtsmotto. Haines City hatte sich diesmal als „Stadt der Engel" geschmückt. Und ganz offensichtlich haben diese Engel ihre schützende Hand über die Bewohner gehalten. Oder wie anders ist es zu erklären, was sich direkt im Haus gegenüber abspielte? Dort waren über die Feiertage zwei Kinder zu Gast, die im Wohnzimmer auf einer Matratze schliefen. Als der Tornado durchs Haus donnerte, riss er auch den Christbaum um, der sich schützend über sie legte. Wegen der großen Fenster in diesem Raum blieb nichts auf seinem Platz, selbst Gegenstände

aus den Nachbarhäusern flogen durch das Zimmer. Doch die zwei Glückspilze, sie hatten nicht eine Schramme. Sie hatten nur Tannennadeln im Haar.

So also löst sich das Rätsel: Der Tornado war der Grund gewesen, weshalb wir das Haus mit den blauen Fensterläden nicht mehr gefunden, die Siedlung nicht wieder erkannt und uns nur über die leer stehenden Häuser gewundert hatten. In vier Monaten, so glaubt die Großmutter, können Zach und Allyson wieder hinüberziehen in ihre alte, neue Heimstatt. Dann haben die Handwerker ihren Job getan. Wie gut, dass alles versichert war.

Zum Schluss eines noch. Nicht, weil es sonderlich wichtig wäre, sondern weil es ein so schönes Happyend ist: Als einziger Raum in Allysons Haus muss nur Zachs Zimmer nicht renoviert werden, der Wirbelsturm hat es verschont. Hier stand und steht Zachs Weihnachtsgeschenk – der neue Computer.

Irgendwie verlassen wir Florida schneller, als wir gekommen sind, der Gedanke an den nächsten Tornado drückt durch bis zum Gaspedal. Vom Osten geht es hinüber in den Westen der USA, wir wollen zum Monument Valley, in das Gebiet der Navajos. Wir träumen von einem Indianerjungen, der schneller reitet, als ein Pfeil fliegt, der mutiger als ein Krieger ist, stärker als ein Grizzly, weiser als Winnetou, der Häuptling der Apachen, und der uns abends am Lagerfeuer mit den Abenteuern seines noch jungen Lebens fesselt. Der erste Indianer, dem wir im Navajo-Reservat begegnen, ist ein Junge, der neben der Straße Abfall einsammelt. Er wird es sein, der uns seine Familiengeschichte erzählt ▪ ▪ ▪

Franco

Franco und Akbaawaaliiliixiasa

Wo Arizona aufhört und Utah beginnt, wo sich der Colorado River zum Lake Powell weitet, zwischen dem Grand Canyon und Canyonlands, liegt das Monument Valley. Die Erde ist so rot, als sei hier das Blut aller Indianer zusammengeflossen, die im ungleichen Kampf gegen die Langnasen den Heldentod starben. Aufrecht, unbeugsam, stark und stolz ragen die bizarren Monolithen und Felsnadeln wie Denkmäler in den flirrenden Himmel, und nur die Schatten der Steinriesen kühlen den brennenden Sand: High Noon im Tal der Navajos.

Hier wohnen Agnes und William Gray mit ihren Kindern, dem zwölfjährigen Stuart, dem zehnjährigen Franco und der achtjährigen Tasheena, ein Name, der wenigstens so klingt, als sei er indianischen Ursprungs. Den Namen der Mutter haben die Schwestern der Seventh-Day-Adventist-Church bestimmt, in deren Missionsstation Agnes zur Welt kam. Ihr Vater war Minensucher, und der Großvater ist der einzige Navajo im Reservat gewesen, der zur Schule ging und Englisch sprach. Als Übersetzer hatte er es zu Wohlstand gebracht, konnte Pferde, Kühe und viele Schafe sein Eigen nennen. Und weil er sogar ein Farmhaus besaß, nannten ihn seine roten Brüder ehrfurchtsvoll „My house".

Ein eigenes Haus, das haben die Grays auch heute noch. Ein Fertighaus, das man in zwei Hälften teilen und auf einen Lastwagen laden kann. Was sie nicht haben, ist Wasser und Strom. Nachts werden die Gaslampen angezündet, und im Winter wird der Holzofen geschürt. Aber immerhin: Das Grundstück gehört ihnen. Für nur

fünfzehn Dollar haben sie sich fünfundsechzig Jahre lang die Nutzungsrechte gesichert. Die Tochter hat ganz offensichtlich den Geschäftssinn des Großvaters und den Spürsinn des minensuchenden Papas geerbt. Agnes weiß genau, wo heute noch Gold zu finden ist: in den Geldbörsen der Touristen.

Deshalb haben die Grays vor ihr Fertighaus ein Indianerhaus gebaut. In der Sprache der Navajo nennt man es Hogan. Es sieht aus wie ein Iglu, ist aber aus Holz und rotem Lehm und hat ein Loch im Dach. Wenn Agnes durch ihr Küchenfenster die Straße herauf Touristen kommen sieht, eilt sie die paar Meter in den Hogan hinunter, setzt sich auf den Boden und beginnt versunken Weidenkörbe zu flechten. Eine Squaw im Wigwam bei der Arbeit – da stößt der Tourist in Gedanken sofort die Saloon-Tür zum Wilden Westen auf und zieht den Fotoapparat schneller als einst Buffalo Bill den Colt. Doch heute kostet jeder Schuss, Agnes sitzt nicht gratis Modell. Die Indianer haben dazugelernt: Statt der Skalps der Bleichgesichter hängen sie sich nun ihre Dollarnoten an den Gürtel. Früher waren sie als blutrünstig verschrien, jetzt sagt man ihnen Habgier nach. Womit sie besser leben können.

Agnes zu fotografieren lohnt die paar Dollar allemal. Schließlich ist sie eine berühmte Persönlichkeit, das ist auf den Bildern, die im Hogan ausgestellt sind, nicht zu übersehen: Sie zeigen Agnes und ihre Mutter, eine Medizinfrau, mit Hillary Clinton im Weißen Haus. Da wird so manches Bleichgesicht vor Neid noch blasser. Für Agnes ist das eine prima Werbung, bleibenden Eindruck scheint der Empfang bei ihr aber nicht hinterlassen zu haben. Sie muss lange überlegen, bis sie sich daran erinnert, dass man das Jahr 1995 schrieb, als die Navajos nach Washington flogen, um der First Lady die Kunst des Weidenkorbflechtens vorzuführen.

Agnes und William Gray gehören zum wachsenden Stamm jener Indianer, die nach dem Motto handeln: Sich selbst vorzuführen ist allemal besser, als vorgeführt zu werden. Sie nehmen es gelassen hin, nicht Amerikaner, sondern nur Indianer zu sein. Was den zehnjährigen Franco wütend macht. Er hasst es, ein Najavo zu sein, und weigert sich, der Sprache seiner Ahnen zu folgen: „Meine Zunge kann das nicht." Das sagt er so überzogen wie ein Hollywood-Indianer und zwinkert dabei spitzbübisch unter seiner Baseballmütze hervor. Franco ist Bürger der Vereinigten Staaten von Amerika. So denkt er, so handelt er. Außer wenn er den Abfall der Touristen einsammeln muss. Dann fühlt auch er sich als Rothaut.

Geschirr spülen, das Zimmer aufräumen, die Hunde oder die Hühner füttern, Franco wird nie begreifen, warum ihn seine Mutter mit solchen Aufgaben demütigt. In diesen Momenten wäre er doch lieber ein stolzer Navajo-Krieger, einer, der mit dem Wolf tanzt und den Büffel besiegt.

Bevor wir zu dem Indianerstamm der Crow am Little Big Horn aufbrechen, erliegt Franco dann doch unseren Überredungskünsten und verwandelt sich für die Kamera in einen Indianer. Aber er schwört: „Einmal und nie wieder." Das Stirnband fischen wir aus dem Nähkorb, die Turnschuhe werden gegen vom Nachbarn geliehene Mokassins getauscht, die Halskette und das blaue Hemd von der Mutter ausgeliehen – und schon sitzt auf rotem Sand eine Rothaut. Oder zumindest das, was wir Karl-May-Geschädigten uns darunter vorstellen. Selbst auf den klapprigen Wallach des Onkels traut sich Franco, obwohl er noch nie in seinem Leben geritten ist. Die zwanzig Pferde in der Koppel werden sonst ausschließlich von Touristen durch die Hitze gequält.

Akbaawaaliiliixiasa, den 13-jährigen Crow, müssen wir nicht auf Indianer trimmen. Normalerweise

läuft er zwar wie Franco in Turnschuhen, Schlabberhosen und im T-Shirt durch die Gegend, aber zum Pow-Wow, wie die Tanzfeste der Indianer heißen, schlüpft er in sein farbenprächtiges Kostüm – und dann legt er los. Er stampft wie ein Büffel, biegt sich wie Schilf im Wind, ist Stein und Feder, Schrei und Stille, Rache, Versöhnung, Hoffnung und stürzt sich wie ein donnernder Wasserfall in die Schluchten seiner Seele. Tänze sind ein Teil des indianischen Glaubens. Wer sie erlebt hat, weiß das.

Corky Old Horn, das Familienoberhaupt, ist stolz auf seine Enkelkinder. Denn nicht nur Akbaawaaliiliixiasa, der Champion, tanzt. Auch der elfjährige Fred, die fünfzehnjährige Andriana und sogar der dreijährige Delvin. Sie tanzen – und sie verdienen. Die Pow-Wows sind ein einträgliches Geschäft. Akbaawaaliiliixiasa, der nicht nur einen indianischen, sondern mit Jeremy auch einen englischen Namen hat, kassiert für einen Sieg bei den Wettkämpfen bis zu zweihundert Dollar. Und in den Sommermonaten reiht sich Turnier an Turnier.

Corky Old Horn, der wie seine Enkelkinder im Reservat geboren wurde, hat uns noch viel erzählt über die Geschichte der Apsaaloké, wie sich die Crow in ihrer Sprache nennen. Über die blutigen Kämpfe mit den Blackfeet, den Sioux, den Cheyenne, Arapaho oder Shoshone. All diese Schlachten wurden geschlagen, um den Lebensraum zu verteidigen. Und er erzählt von den Indianern, die den Anschluss an die neue Zeit verpasst und im Alkohol einen noch grausameren Feind gefunden hätten. Corky Old Horn erzählt auch vom „Weißen Mann" und davon, dass ihr Reservat 1856 noch achtunddreißig Millionen Acres umspannte, jetzt nur mehr zweikommazwei. Und dass es ihn immer noch gebe, den „Weißen Mann", der glaubt, etwas Besseres zu sein. Franco und Jeremy werden, so fürchtet Corky Old Horn, auch noch im neuen Jahrtausend den Kampf des 19. Jahrhunderts kämpfen.

Wir verlassen die USA, um wieder in die USA zu kommen. Wer auf dem Landweg nach Alaska will, muss durch Kanada – und durch so manches mehr: durch ein paar Zeitzonen, durch Regen und Wind, Schnee und Eis und durch Orte, die noch im Winterschlaf liegen. Zumindest dann, wenn man Ende März unterwegs ist. Aber das hat auch sein Gutes: Der Alaska-Highway ist einsam und der Moskito noch nicht flügge. Dennoch müssen wir verrückt sein: Wir fahren über viertausend Kilometer nur einer einzigen Frage wegen: Gibt es den Weihnachtsmann in North Pole wirklich? ■ ■ ■

Sarah

Die ungläubige Sarah

Wer in die Augen eines Huskys blickt, der sieht Alaska. Sie sind, als schaue die Natur in den Spiegel, als hätten die Seen Pupillen, finge das Eis Feuer und würden die Gletscher in den heißen Quellen schmelzen. Sie sind wach, ungeduldig, fordernd; sie sind wie das Land: wild, ungezähmt und frei. Wir haben auch in Europa Huskys gestreichelt und waren von ihren Augen fasziniert. Aber erst jetzt verstehen wir sie. Die Schlittenhunde gehören zu Alaska wie die Bären, die Biber oder die Rentiere, wie die zerzausten, astdürren Bäume, die im Schneegestöber schlottern, wie die Fjorde und die Berge. Alyeska, mächtiges Land, so nannten die Indianer Alaska. Wir sind mächtig beeindruckt.

Zu Alaska gehört aber auch der Mensch und damit diese wunderliche Geschichte vom Weihnachtsmann. Sie beginnt 1953, als auf dem 65. Breitengrad nördlich vom Äquator und dem 147. Längengrad-West die kleine Stadt North Pole gegründet wurde. Das war ein Aufatmen auf den Postämtern dieser Welt, denn jetzt endlich konnten die vielen bunt bemalten Briefe zugestellt werden, auf denen immer nur stand: An den Weihnachtsmann, Nordpol. Dass dort, im ewigen Eis und Schnee, der Santa Claus wohnt, glauben alle Kinder, und sie staunten nicht schlecht, als der Weihnachtsmann plötzlich zurückschrieb. Womit ein für alle Mal geklärt schien: Es gibt ihn wirklich! Auch wenn er nicht am, sondern in North Pole wohnt. Aber auf solche Haarspaltereien achten Kinder vor Weihnachten nicht. Und bitterkalt ist es da wie dort. Trotzdem soll es einige geben, die bis heute nicht an ihn glauben. Und selbst Erwachsene, die es besser wissen müssten, zweifeln oder streiten es gar ab, obwohl auch sie noch nicht in North Pole waren, um den Dingen auf den Grund zu gehen. Wir waren da.

Es ist der 30. März, 12.20 Uhr, als wir unseren Wagen auf dem Parkplatz vor dem Rathaus in North Pole parken. Wir wollen zum Bürgermeister. Wer weiß, was uns x-beliebige Einwohner alles erzählt hätten, nein, nein, diese Frage ist Chefsache. Die Dame im Vorzimmer ist überaus freundlich. Sie will wissen, in welcher Angelegenheit wir vorsprechen wollen, und schmunzelt, als sie hört, es gehe um die Existenz des Weihnachtsmannes. Aber immerhin verspricht sie uns, dass sie sich um einen Termin bemühen werde. Wir richten uns auf eine lange Wartezeit ein, doch schon nach zehn Minuten, „Entschuldigung, der Bürgermeister war beim Essen", werden wir in sein Büro geleitet. Tim Peters, ein stattlicher Mann um die fünfundvierzig mit Anzug und Schlips, bietet uns erst Schokoladenkugeln und dann einen Platz an. Er lächelt überhaupt nicht über die Frage, ob und, wenn ja, wo in North Pole der Weihnachtsmann wohne, und gesteht schließlich ohne die für Politiker üblichen Ausflüchte: Es gebe gar keinen Weihnachtsmann. Nicht in North Pole und wohl auch nicht irgendwo anders auf der Welt. Keinen echten zumindest. Wenn wir aber einen fotografieren wollten, dann würde er seinen alten Freund Walt Guzy anrufen, der habe zumindest einen weißen Bart.

Dieser Bürgermeister beginnt uns zu interessieren. Wir scherzen, dass er bei so viel Aufrichtigkeit eigentlich Priester und nicht Politiker hätte werden sollen. Und da sagt dieser Tim Peters doch glatt, dass er seit vierzehn Jahren Pastor in North Pole sei, Bürgermeister aber erst seit einem halben Jahr. Und dass wir Verständnis dafür haben sollten, dass er die Mär vom Weihnachtsmann nicht weitertrage, obwohl er jetzt „Mayor" sei und die ganze Stadt vom guten Ruf des Santa Claus lebe.

Nach und nach erfahren wir die ganze Wahrheit. Dass tatsächlich waschkorbweise Briefe aus aller Welt nach North Pole kämen. Viele ins Rathaus, viele in das Santa-Claus-House gleich neben dem

Highway, einem Geschäft, in dem es ausschließlich Weihnachtsartikel zu kaufen gibt und das zehn Monate im Jahr geöffnet hat. Dass zwar nicht alle Briefe und Postkarten beantwortet werden könnten, aber Studenten ihr Möglichstes tun würden, ohne freilich dazuzuschreiben, dass es den Weihnachtsmann gar nicht gebe. Dass selbst Sarah, seine jüngste Tochter, nicht an Santa Claus glaube. Was nichts daran ändere, dass besagter Walt Guzy jedes Jahr als Weihnachtsmann verkleidet auch zu ihm nach Hause komme. Und das schon zu Zeiten, als er noch nicht Bürgermeister gewesen sei. Wir glauben es ihm. Was bleibt uns bei einem Pastor auch anderes übrig.

Diese Sarah hat nun unser Interesse geweckt. Wir fragen den Bürgermeister, ob wir nicht schnell mal zu ihr nach Hause fahren könnten, um mit ihr zu sprechen. So einfach gehe das nicht, meint Tim Peters, da müsse er erst einmal seine Frau fragen. Ein Anruf – und schon sind wir unterwegs. Das Stadtoberhaupt in seinem Pick-up als Wegweiser voraus, wir hinterher. Ein wirklich schönes Haus, das sich Tim Peters da hingestellt hat. Und als er mit stolz geschwellter Brust sagt, er habe es selbst gebaut, fühlen wir uns an die Carpenters vom Mississippi erinnert. Fehlte nur noch, dass der Baptisten-Pastor seine Kinder auch nicht zur Schule schickt. Doch genauso ist es. Die neunjährige Sarah wird von ihrer zwanzigjährigen Schwester Kimberly unterrichtet, die eben mit ihrer neun Monate alten Tochter Lydia das Haus verlässt. Sarah ist ein blonder Engel, still, blass, scheu. Und wie unsere junge Scarlett aus den Südstaaten malt sie und spielt Klavier. Nur will Sarah nicht Krankenschwester, sondern Künstlerin werden. Sarah zeigt uns das Haus; das leicht plüschige Wohnzimmer, die blitzsaubere Küche, das Studierzimmer mit Computer und im ersten Stock, gleich rechts neben der Treppe, ihr Reich: eine bewohnbare Puppenstube wie aus dem Märchenbuch. Ein Ort, an dem kleine Mädchen in

langen Winternächten entweder von einem Prinzen oder vom Weihnachtsmann träumen. Nur Sarah nicht. Doch Walt Guzy, der sie immer am 24. Dezember besucht und einen Sack voller Geschenke dabeihat, der sei ein feiner Kerl.

Nun werden wir auch auf Walt Guzy neugierig. Wie wäre es denn, so fragen wir Sarah, wenn wir ein paar Fotos schießen würden, sie zusammen mit ihrem Freund, dem Weihnachtsmann? Na klar, sagt sie, wenn er Zeit hat. Er hat. Um 17 Uhr verabreden wir uns im Santa-Claus-House, dort steht ja immer ein geschmückter Tannenbaum. Und so kam es, dass für uns sechsundneunzig Tage nach dem Heiligen Abend schon wieder Weihnachten war.

Santa Claus ist pünktlich da, klettert mit weißem Originalbart, roter Robe und schwarzen Stiefeln aus dem Auto. Und wie es sich für einen anständigen Weihnachtsmann gehört, hat er Geschenke dabei. Zwar nicht in einem Leinensack, sondern in einer Plastiktüte, aber immerhin: zwei Bommel-Mützen mit einem aufgestickten Weihnachtsmann, der in einem Holzzuber Wäsche wäscht, und der Aufschrift „North Pole Laundry & Cleaners"; vier Hartwürste, noch mal extra in einem Kunststoffbeutel verpackt, und acht Pralinen in Stanniolpapier. „Aus Mutters Schleckerschrank", sagt er lachend und drückt uns herzlich die Hand. Zwei Kinder, die mit Stoff-Rentieren im Arm aus dem Santa-Claus-House kommen, schweben ehrfürchtig vorüber. Sie werden vermutlich noch ihren Enkelkindern erzählen, dass sie in North Pole den Weihnachtsmann getroffen haben, Ende März, an einem strahlend blauen Frühlingstag.

Dieser Walt Guzy ist wirklich ein außergewöhnlicher Bursche. Er erzählt Sarah so leidenschaftlich von seinen weiten Reisen auf dem Rentierschlitten, wie er sich wärmend die Wolkendecke über den Schoß legt und von North Pole aus gleich die Abkürzung über die Milchstraße

nimmt, wenn er zu den Kindern in Europa will, dass wir ganz das Fotografieren vergessen und ebenfalls staunend zu seinen Füßen sitzen. „Ja, ja", sagt er seufzend zum Schluss, für ihn sei das ein hartes Stück Arbeit, so viele Besuche in so kurzer Zeit. Er habe Petrus und den anderen im Himmel da droben schon vorgeschlagen, es doch wie in North Pole zu machen und Weihnachten das ganze Jahr zu feiern, doch die hätten nur gelacht und wären wie kleine, uneinsichtige Kinder auf der Mondsichel herumgerutscht.

Sarah sieht den Weihnachtsmann ganz seltsam an: Soll sie ihm das nun alles glauben, oder flunkert er? Wir sind uns sicher: Egal, was der Bürgermeister sagt und Sarah denkt, der Weihnachtsmann lebt in North Pole! Getarnt als Besitzer einer Reinigung, hilft er den Menschen auf Erden, ihre schmutzige Wäsche zu waschen, damit sie im Himmel mit blütenweißer Weste ankommen. Wer daran zweifelt, der kann ja selbst nach North Pole fahren und ihn fragen, ob es so ist. Nur möglichst nicht um die Weihnachtszeit, denn da ist Walt Guzy selten zu Hause ...

Ursprünglich hatten wir geplant, die Reise durch Nordamerika im 49. Bundesstaat der USA zu beenden und uns von hier aus einen Seeweg nach Australien zu suchen. Doch bei der Einreise nach Alaska hatte uns ein Zöllner von einem zehnjährigen Jungen seiner Heimatstadt erzählt, der als bester Nachwuchsschriftsteller Kanadas ausgezeichnet worden sei. Er kenne zwar den Namen nicht, aber vielleicht könnten wir ihn in Halifax, der Hafenstadt am Atlantik, ja ausfindig machen. Irgendwie ging uns dieser Dichtikus nicht mehr aus dem Kopf, und nach unserem erfolgreichen Besuch in North Pole beschlossen wir, uns auf die nächste Verrücktheit einzulassen. Wir fahren noch mal zurück nach Kanada, in das zweitgrößte Land der Erde, und quer hinüber nach Halifax. Nach elftausend schier endlosen Kilometern endlich am Ziel, werden wir von einer niederschmetternden Nachricht empfangen ...

Al

Ein verrückter Tag

Zeitungen sind durchaus nützlich. Die tüchtige Dame im Archiv des „Halifax Tribune" braucht nur ein paar Minuten, um unseren wochenlangen Zweifel, ob es wirklich richtig war, nach Halifax zu fahren, auszuräumen: „Ja, der Junge, der den kanadischen Aufsatzwettbewerb gewonnen hat, lebt hier in der Stadt. Wir haben Anfang April über ihn berichtet." Sie hat auch keine Probleme damit, uns zu sagen, wie der viel versprechende Jungschriftsteller heißt: „Al Halavrezos." Im Telefonbuch findet sich unter „Halavrezos" nur ein Eintrag – na bitte, unser kleiner Poet ist schon aufgespürt. Wir beschließen, künftige Nadeln im Heuhaufen nur noch „Halavrezos" zu nennen. „Costas Halavrezos" wohnt zwar nicht in Halifax, sondern in Dartmouth, aber das liegt gleich jenseits der Meeresbucht, nur durch eine Maut-Brücke getrennt. Die kennen wir schon. Da haben wir uns verfahren.

Wir warten den späten Nachmittag ab, bis wir glauben, selbst das strebsamste kanadische Kind müsse jetzt von der Schule zu Hause sein, und rufen an: 464-9650. Eine sympathische Stimme flötet „Hallo", und wir erzählen der Frau, von der wir glauben, es sei die Mutter, lang und breit unsere ungewöhnliche Geschichte. Sie hört aufmerksam zu, unterbricht ab und zu mit einem bedauernden „Oh no" oder einem aufmunternden „Oh yes", um uns schließlich kurz und bündig mitzuteilen: „Es tut mir Leid, aber sie können Al leider nicht sprechen. Er liegt im Krankenhaus." Erst sind wir sprachlos vor Schreck, dann fragen wir beklommen nach, ob denn Schlimmeres passiert sei. Das wisse sie nicht, sagt die freundliche Stimme am Telefon, sie sei nur das Kindermädchen und passe auf Maria auf, die sieben-

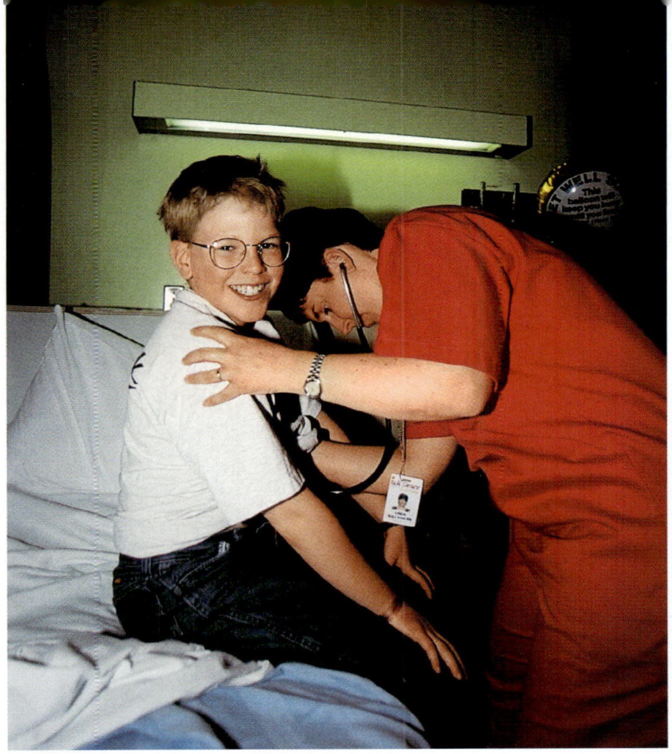

jährige Tochter des Hauses. Wir sollten um sechs Uhr noch mal anrufen.

Elftausend Kilometer gefahren – und dann liegt unser kleiner Schreiberling im Krankenhaus, und wir können womöglich nicht einmal zu ihm? Wir bedauern mehr uns als den armen Patienten. Doch wir geben nicht auf: Vielleicht hat der Kerl ja nur Scharlach oder ein gebrochenes Bein oder ihn zwickt der Blinddarm. Manche Schriftsteller neigen auch zu übermäßigem Alkoholgenuss. Aber eine Leberzirrhose mit zehn Jahren? Na bitte, wir machen schon wieder Witze, wenn auch keine sonderlich geistreichen.

Punkt sechs Uhr rufen wir wieder an, verwählen uns vor Aufregung aber erst einmal. Endlich haben wir Papa Costas am Apparat, er weiß schon Bescheid. Also, klärt er uns auf, Al habe einen Asthmaanfall gehabt, müsse aber nur mehr zwei Tage im Krankenhaus bleiben. Wir könnten jederzeit in die Klinik fahren, welches Kind freue sich nicht über Besuch? Alles Weitere müssten wir mit seinem Sohn besprechen. Er werde ihn sicherheitshalber vorwarnen: „Nicht dass der arme Kerl vor Schrecken einen Rückfall bekommt, wenn plötzlich zwei fremde Männer an seinem Bett stehen."

Die Universitäts-Kinderklinik in Halifax ist die größte in ganz Nova Scotia. Es dauert, bis wir uns zu Al durchgefragt haben. Der ist, wie es sich für einen anständigen Rabauken gehört, natürlich nicht in seinem Bett, sondern tobt nebenan durchs Spielzimmer. „Hey, Al?" „Hey, da seid ihr ja!" Al ist ganz anders, als wir ihn uns vorgestellt haben – von wegen Streber oder altkluges Bürschlein. Wir verstehen uns auf Anhieb. Als eine Ärztin kommt und sagt, dass sie sich meinen Sohn mal kurz für eine Untersuchung ausleihen müsse, zwinkern wir uns nur zu. „Bitte schön", sage ich, „aber bringen Sie ihn mir gesund wieder."

In der Krankenhauskantine, bei Pizza und Apfelsaft, erzählt uns Al dann alles, was wir wissen wollen. Nicht ohne uns zuvor über zwei offensichtliche Irrtümer aufgeklärt zu haben. Erstens: Er hatte am 28. März Geburtstag, ist also nicht mehr zehn, sondern seit ein paar Wochen elf Jahre alt. Zweitens: Er will nicht Schriftsteller, sondern Basketball-Profi werden. Eine Journalistin wie seine Mutter zu sein oder ein Rundfunkmoderator wie sein Vater, das reize ihn nicht. Damit sieht Al die wichtigsten Punkte des Lebens geklärt, die anschließende Fragerei bringt er souverän hinter sich.

Ja, die Auszeichnung in Toronto habe ihn wirklich gefreut, aber er hebe deswegen nicht ab. Nein, seine Eltern hätten ihm beim Schreiben nicht geholfen. Ja, er sei ein guter Schüler, einer der besten seiner Klasse. Nein, er kränkle nicht, dies sei erst der zweite Asthma-Anfall in seinem Leben. Ja, er treibe viel Sport, sei in einem Ruderverein, in einem Curling-Club, und natürlich spiele er mit seinen Freunden Basketball; aber er spiele auch Klavier und Schlagzeug. Nein, langweilig sei es ihm eigentlich nie, deshalb sehe er auch kaum fern.

Al gibt das zweite Interview seines Lebens so entspannt, als würde er zu Hause mit seinem Meerschweinchen Susi reden. In der Tat, er ist ein bemerkenswerter Bursche. Was auch seine preisgekrönte Geschichte beweist. Sie heißt, wie unsere erste Begegnung mit ihm war: „Ein verrückter Tag".

Hallo! Mein Name ist Al, und mein Leben hat sich seit letztem Montag total verändert. Ich denke, es war in der Schule. Meine Lehrerin, Mrs. Jenkins, nahm mit uns im Unterricht die Redewendungen durch. Redewendungen sind kurze Sätze, die wir normalerweise nicht wörtlich nehmen. Eure Oma benutzt wahrscheinlich sehr viele Redewendungen.

Nun, auch ich benutzte Redewendungen, nur wusste ich bisher nicht, dass man sie Redewendungen nennt. Doch egal: Als der Unterricht von Mrs. Jenkins vorbei war, war ich heiser vom Aufsagen all der Redewendungen, die ich im Kopf hatte. Ich hatte so eine tolle Vorstellung geliefert, dass die Nachricht davon schnell die Runde in der Schule machte: „Extrablatt! Extrablatt! Achtundachtzig Redewendungen in nur dreißig Minuten runtergerattert! Extra, extra! Alles über Al Halavrezos!“
Blöd nur, dass es auch alle Schlägertypen mitkriegten. Ich sollte mir besser alle Redewendungen aus dem Kopf schlagen! Sonst, so drohten sie mir, wollten sie dabei nachhelfen, und von jetzt an könne ich Redewendungen wörtlich nehmen. Ohne es zu wollen, wiederholte ich die schreckliche Drohung, und damit, so denke ich, fing mein sonderbares Leben an.
Nach der Schule traf ich meinen besten Freund Dennis, und wir machten uns auf den Heimweg. Dennis fing gleich an zu quasseln: „Ey Mann, du musst zugeben, die Vancouver Grizzlys werden dieses Jahr Meister.“
„Da lachen ja die Hühner!“, blaffte ich zurück. Das ist eine Redewendung. Plötzlich rannte ein laut lachendes Huhn an uns vorbei: „Hahahahahaha!“ Fast wäre es geplatzt vor Lachen. Dennis und ich waren sprachlos.
Schließlich brach Dennis das Schweigen: „Ich habe gehört, dass du in Amanda verliebt bist.“
„Natürlich, selbstverständlich“, rief ich genervt. „Musst du deine Nase eigentlich überall reinstecken?“ Dann passierte etwas Unheimliches: Die Nase von Dennis fiel auf den Boden und hüpfte wie ein Gummiball durch die Gegend, steckte sich mal in meine Hosentasche, dann in Dennis’ Jackentasche, heraus und hinein in den Postsack des verstörten Briefträgers, ja sogar unter die Röcke unserer beiden Klassenkameradinnen, die laut aufschrien. Immer weiter und weiter steckte sich Dennis’ Nase überall

hinein und schnell wieder heraus und ins nächste hinein. „Da wird ja der Hund in der Pfanne verrückt“, stammelte ich. Huuuuuuuiiiiiii, sauste auch schon eine Bratpfanne wie eine fliegende Untertasse über ein Hausdach und hinter der wild gewordenen Nase her. Der Hund bellte wie verrückt und versuchte, nach dem Riechkolben meines besten Freundes zu schnappen. Dennis wurde ganz blass.

„Hier geht es zu wie im Zoo“, rief ich. Jetzt wurde es irre: Eine Herde Elefanten, gefolgt von Nashörnern, Kängurus, gejagt von Löwen und Tigern, bog um die Ecke. Alle nur erdenklichen Tiere eines Zoos rasten durch meine Straße – sie heißt Heckenstraße – und trampelten die Büsche nieder. Die Giraffen fraßen die Geranien von den Balkonen im ersten Stock. Meine Nachbarn rasteten völlig aus.

Ich grübelte über eine Redewendung, die mich aus diesem Durcheinander retten würde: „Man sollte euch das Fell über die Ohren ziehen“, rief ich. Tatsächlich: Allen Tieren mit einem Fell zog eine Geisterhand das Fell über die Ohren, so dass sie ganz nackig waren und nur noch um den Hals einen Pelzkragen trugen. Ich war am Verzweifeln. Dennis allerdings fand es zum Brüllen komisch. „Hahahahahaha“, lachte er. „Du kannst dir gar nicht vorstellen, wie gerne ich dich verprügeln würde“, sagte ich zornig. Dann, wir waren noch heftig am Streiten, passierte ein Wunder: Die Elefanten trollten sich, die Nashörner folgten, dann die Giraffen mit den extralangen Pelzkrägen, und so weiter und so weiter, bis alle Tiere wieder im Zoo waren. „Jaaaa“, jubelte ich. „Hey, warte mal“, rief Dennis. „Wieso ist das passiert?“ „Frag mich nicht“, sagte ich. „Das kann kein Zufall sein“, meinte Dennis. Dennis ist eine äußerst kritische Person. „Vielleicht gibt es eine zeitliche Begrenzung für das alles“, folgerte er. „Warum probieren wir es nicht aus?“

„Okay“, sagte ich. „Du bist noch grün hinter den Ohren.“ Sofort wurde Dennis ganz grün hinter

den Ohren. Ich fing an, die Sekunden zu zählen, die Minuten und richtete mich auf Stunden und Tage ein. Ha! Da haben wir's! Es dauerte nur zehn Minuten, bis Dennis' Ohren wieder ihre normale Farbe hatten.
„Puuuuh! Musste ganz schön viel zählen", stöhnte ich und fiel erschöpft zu Boden. Dennis fing zu grübeln an: „Hey, ich wette, du könntest dieses Redewendungswunder zu deinem Vorteil nutzen." „Stimmt", rief ich. „Wir sind schnell wie der Wind." „Sehr gut", sagte Dennis. „Wo rennen wir jetzt hin?" „Zum Strand", antwortete ich. Unsere Stadt hat einen wunderschönen Strand am Atlantischen Ozean. Leider ist er am anderen Ende der Stadt. „Auf geht's", brüllte Dennis und flitzte los. „Hey, wart auf mich", schrie ich lachend. Wir erreichten den Strand in weniger als einer Minute. Während des Laufs stellte ich mir vor, ich wäre Donovan Baily und Dennis wäre Michael Johnson. Michael Johnson gewann mein Fantasierennen – so ein Mist! Am Strand angekommen, rannten wir mühelos von einem Ende bis zum anderen.
Dennis hatte eine neue verrückte Idee. Ich beneide ihn immer um seine Einfälle. „Wetten, dass wir den Schlägertypen mal richtig Bescheid sagen könnten dafür, dass sie uns da reingebracht haben?" In diesem Moment fuhr ein Lastwagen mit einer Ladung Ziegel auf dem Highway vorbei. Mir kam ein gemeiner Gedanke. „Da kannst du auch gegen eine Wand reden", sagte ich genervt. Wie ich gehofft hatte, fielen die Steine vom Laster und stapelten sich zu einer Mauer auf.
„Hörst du mir überhaupt zu?", fragte Dennis. „Jaaaa!", antwortete ich. „Was habe ich gesagt?" „Wir sollten Gleiches mit Gleichem vergelten?" „Ohhh, Mann!" „Is doch Blödsinn." „Ich habe gesagt: „Wetten, dass wir den Schlägertypen mal richtig Bescheid sagen könnten dafür, dass sie uns da reingebracht haben?", wiederholte er. „Hey, du hast Recht", sagte ich. Dann

dachten wir darüber nach, wie wir es den Rabauken zurückgeben könnten. „Ich habe einen Geistesblitz“, rief ich. Augenblicklich verwandelte sich der Strand in eine Geisterbahn, und die Geister schleuderten Blitze nach uns wie in einem Horror-Video. „Schauerlich“, sagte Dennis. „Aber was für eine Idee hast du?“ Ich flüsterte sie ihm ins Ohr. Er lachte sehr, sehr heftig. Als er sich wieder beruhigt hatte, sagte ich: „Schnell wie der Wind“, und wir flitzten zum Haus des ersten Schlägers. Sein Name war Jim.

Ähm, wundert euch nicht, dass wir die Adressen der Schläger kannten. Dennis kennt jede Adresse. Er hat Zeitungen ausgetragen, und freitags hilft er seiner Mutti bei ihrer Arbeit: Sie ist Vertreterin. Angekommen bei Jims Haus, klingelten wir an der Tür. Jims Mutter öffnete. „Hallo“, sagte sie freundlich. „Äh, wir wollten Jim sprechen“, sagte Dennis. „Okay“, war die Antwort. „Ji-im! Zwei Jungs möchten dich sprechen!“ Als Jim an der Tür war, rief ich: „Du sollst keine schlafenden Hunde wecken“, und schlug die Türe zu.

Selbst durch die geschlossene Tür konnten wir den wütenden Hund und die schrecklichen Schmerzensschreie von Jim hören. Ich sagte: „Schnell wie der Wind.“ Und wir sausten zum Haus des nächsten Raufbolds. Der Trottel hieß Bert. Diesmal öffnete er selber die Tür. Wir rannten in den Flur und riefen: „Es schüttet wie aus Kübeln“, und es stellte sich das gleiche Ergebnis wie bei Jim ein. Bei Freddie lautete die Redewendung „ein Elefant im Porzellanladen“. Hoffentlich wurde niemand verletzt. Bob wünschten wir eine „Hirnwäsche“, und Eddie musste sechzehnmal „die Nadel im Heuhaufen“ suchen.

Beim letzten Schläger, sein Name war Dave, wurden wir fünfzehn Minuten aufgehalten. Dave wohnt in einem Appartement im elften Stock. Wir nahmen den Aufzug. Auf dem Weg nach oben fragten wir uns gegenseitig die Hausaufgaben ab, und ich zog Dennis auf, indem ich sagte: „Bei

dir sind wohl ein paar Schrauben locker." Prompt blieben wir für zehn Minuten im Lift hängen, und weitere fünf brauchten wir zum Treppensteigen. Zehn plus fünf macht fünfzehn. Puuuh! Endlich im elften Stock angekommen, riefen wir die bekannte Redewendung „hier geht es zu wie im Zoo" dem armen Dave ins Gesicht.

Wieder zu Hause, rief ich gleich bei Dennis an. Er hatte meinen Anruf erwartet: „Hey, Al", sagte er, „machst du das noch einmal?" „Ja, wenn Weihnachten und Ostern auf einen Tag fallen", flachste ich.

Nachdem ich aufgelegt hatte, schaute ich aus dem Fenster. Es schneite, obwohl es Sommer war. Santa Claus saß auf seinem Schlitten und winkte mir. Statt einem Rentier hatte er den Osterhasen eingespannt.

Ich lachte.

Dann schlief ich ein.

Hatten wir nicht geplant, von Alaska aus nach Australien zu reisen? Doch dann kam Al, und unserer Route erging es wie seinen Redewendungen – sie löste sich einfach auf. Statt an der Westküste waren wir wieder an der Ostküste Amerikas, und Europa lag plötzlich so Heimweh machend nahe gleich jenseits des Atlantiks. Da von Halifax gerade ein Schiff nach Liverpool ablegte, hieß das neue Ziel kurz entschlossen Großbritannien. Wir sollten den Besuch auf der königlichen Insel nicht bereuen, denn in den schottischen Highlands stießen wir auf eine Familie, die uns mehr in ihren Bann zog als das Ungeheuer von Loch Ness, obwohl wir genau der Uferstraße dieses sagenumwobenen Sees folgen mussten, um zu den MacRaes zu kommen ▪ ▪ ▪

Alice

Der Geist von Eilean Donan

Selbst im Sommer präsentiert sich der schottische Norden schauderhaft schauerhaft: Der Wind türmt das schwarzgrüne Wasser der Fjorde zu schaumgekrönten Bergen, regenschwere Wolken schleifen den Himmel übers zerzauste Moos, und wollverfilzte Schafe ducken sich klamm in steinige Senken. Wer es hier aushält, der muss nicht nur Regen und Sturm trotzen, er muss sich mit der Einsamkeit verbünden, um nicht von ihr besiegt zu werden. Zwischen Loch Ness und dem Kyle of Lochalsh, gesäumt von mystischen Steinen und glitzernden Wasserfällen, inmitten von Fels und Flechten, erhebt sich die Burg Eilean Donan, der trutzige Sitz der MacRaes.

„Willkommen auf der Burg Eilean Donan". Sogar in deutscher Sprache gibt es ein Informationsblatt, das dem wissbegierigen Touristen erklärt, auf welch geschichtsträchtigen, blutigen Boden er seinen Fuß setzt. Er erfährt, dass die kleine Insel des St. Donan schon im Eisenzeitalter bewohnt war und dass die Burg im frühen 13. Jahrhundert als Befestigung gegen die wüsten Wikinger gebaut wurde. Eilean Donans vorläufiges Ende kam 1719 während der Jakobitenkriege, als englische Fregatten das von spanischen Verbündeten verteidigte Gemäuer in Grund und Boden kanonierten.

Die Natur eroberte sich die Insel zurück. Moos überzog die Ruine, 200 Jahre lang führten die Möwen ein kreischendes, aber friedvolles Regiment. Bis Colonel John MacRae-Gilstrap Anfang des 20. Jahrhunderts eine Idee hatte, die ihn nicht mehr losließ: Er wollte die Insel kaufen, die Burg wieder aufbauen. Ein nicht nur kühnes, ein schier unmögliches Unterfangen. Doch es gelang und so kommt es, dass es Eilean Donan heute wieder gibt.

Wer die Burg besichtigt, der wird im ersten Zimmer gleich neben dem Eingang auf einem Familienfoto auch die zehnjährige Alice Elisabeth Rose entdecken. Warum wir ausgerechnet ihre Geschichte erzählen, hat einen guten Grund: In Alice lebt der Geist von Eilean Donan.

Natürlich schüttet es in Strömen, als wir unseren Landrover durch die Einfahrt von „Nairnside House“ steuern. Wie mächtige Regenschirme geleiten uns die Bäume zum Wohnsitz von Marigold MacRae, der siebzigjährigen Chefin des MacRae-Clans. Ihr gehört das verwunschene Landschloss bei Inverness, und ihr gehörte auch Eilean Donan, bis sie die Burg in eine Familienstiftung einbrachte.

Fünf Töchter hat Mrs. MacRae, mit einer von ihnen, Rosalind, teilt sich die Witwe das herrliche Landgut. Rosalind hat nicht ganz geschafft, was ihrer Mutter gelang. Sie hat nur vier Töchter: die vierzehnjährige Genevieve, die dreizehnjährige Katharen, die achtjährige Christina und eben Alice. Alice, die Unbeugsame. Alice, die Unberechenbare. Alice, die Ungezügelte. In ihr erkennt die Großmutter das freiheitsliebende, das wilde, das starrköpfige Schottland. Manchmal ist der Dickschädel von Alice noch stärker als die metertiefen Mauern von Eilean Donan. Bereits im Mutterleib machte Alice, was sie wollte. Obwohl sehnsüchtig erwartet, kam sie trotzig zwei Wochen nach dem errechneten Termin zur Welt.

Und so ist das bis zum heutigen Tag geblieben: Alice lebt ihr eigenes Leben. Mal ist sie Prinzessin auf der Erbse, kann nur schlafen, wenn in ihrem Bett drei Matratzen übereinander liegen. Mal ist sie Prinzessin Eisenherz, schwimmt noch im Spätsommer im eiskalten Fluss und jagt mit ihrem Pony Kes so tollkühn durch den Park, dass ganz sicher hier der Platz sein muss, an dem die Hasen gelernt haben, Haken zu schlagen. Das

Mädchenherzen erwärmende Puppenstubenreich hat Alice nie interessiert. Die wirkliche Welt da draußen vor dem Kinderzimmerfenster, an dem ungestüm der Wind rüttelt und ungebeten der Regen klopft, das ist ihre Welt. So ungewöhnlich wie Alice ist auch unsere erste Begegnung mit ihr: Da liegt sie in der riesigen Wohnküche in einem Hundekorb und schläft. Milly, ihr sieben Monate alter Spaniel, bewacht sie aufmerksam mit leisem Knurren. Die vier anderen Vierbeiner haben sich diskret in den Salon zurückgezogen. Nur Pussy, der dreibeinige Kater, ist nicht von Alices Seite gewichen. Schließlich ist der Hundekorb auch sein Lieblingsbett, und außerdem weiß er: Alice liebt Tiere über alles – und behinderte erst recht. Mögen andere auch anderes sagen, Großmutter Marigold weiß es: Der Geist eines Hauses prägt den Menschen.

Fünf Jahre alt war ihre Tochter Rosalind, als sie und ihr inzwischen verstorbener Mann das Nairnside House kauften. Die unbeschwerte Jugend, die Rosalind hier verlebte, die Liebe, die sie hier erlebte, kann sie nun an ihre Kinder weitergeben. Und ihr Mann David macht das Familienglück vollkommen. Er arbeitet als Restaurator, hat sich auf dem Anwesen eine kleine Schreinerei eingerichtet, und die Kinder können zu ihm kommen, wann immer sie wollen.

Alice im Wunderland. Wir im Wunderland. Erst diese atemraubende Burg, dann dieses verwunschene Nairnside House und schließlich diese traumhafte Nur-nette-Töchter-Familie: Als wir am nächsten Morgen mit Großmutter, Mutter und Alice zu Fotoaufnahmen aufbrechen, hat der Geist von Eilean Donan auch uns beseelt. Wir sind glücklich, wir sind zufrieden, ach, du herrlich verregnetes, wunderbares Schottland. Dass wir nochmals überrascht werden sollen, können wir zu diesem Zeitpunkt nicht wissen. Zwei fabelhafte Geschichten warten noch auf uns, von

denen man die eine nur glauben kann, die andere freilich glauben sollte.

Wir sind in einem Seitenflügel der Burg, dem privaten Sommersitz der MacRaes. Hier trifft sich der ganze Clan einmal im Jahr zu einem Fest, hier verbringen viele Familienmitglieder den Urlaub. Wer wie Marigold MacRae fünf Töchter hat, hat viele Verwandte und natürlich viele Enkelkinder, zwanzig sind es bis jetzt. Nicht alle freilich lieben Eilean Donan so sehr wie Alice. Wann immer es geht, fährt sie mit Großmutter hierher, setzt sich zu ihr an den Kamin und will dann alles wissen, was es über Eilean Donan zu erzählen gibt. Zum Beispiel wie das damals war, als der Urgroßvater für 200 000 Pfund die Ruine kaufte und die fixe Idee hatte, die Burg wieder zu errichten.

Colonel John MacRae-Gilstrap wusste, dass es im Dorf einen Maurer gibt, der eine Vision hatte: Er glaubte dazu bestimmt zu sein, Eilean Donan wieder aufzubauen. Der Mann hieß auch MacRae, war mit dem Colonel aber weder verwandt noch verschwägert. Jahrelang hatte dieser Farquhar MacRae immer und immer wieder den gleichen Traum: In dichtem Nebel sah er sich zur Insel hinüberrudern, und kaum betrat er sie, da erstand aus den Ruinen die Burg in allen Details, so, wie sie früher war. Mächtig und stolz, allen Feinden trotzend. Das Bild prägte sich ein, Farquhar wusste: So und nicht anders hat Eilean Donan ausgesehen!

Der Colonel und der Maurer taten sich zusammen und widmeten zwanzig Jahre ihres Lebens dem ehrgeizigen Projekt. Und sie bauten die Burg nach den geträumten Zeichnungen des Farquhar MacRae, sie bauten das heutige Eilean Donan. Jahre später, als Farquhar MacRae schon nicht mehr lebte, wurden in einem Schloss in Edinburgh die Baupläne von Eilean Donan aus dem 13. Jahrhundert gefunden. Und siehe da: Bis auf ein paar Winzigkeiten hatte dieser Maurer die

Burg tatsächlich orginalgetreu nachgebaut. Uns läuft ein kalter Schauer über den Rücken, als Marigold MacRae so nebenbei bekennt: „Ja, ja, in den Highlands haben manche Leute das zweite Gesicht."

Auch Alice will uns noch etwas erzählen. Im Haupttrakt der Burg, so weiß sie, treibt ein Geist sein Unwesen. Es ist ein spanischer Soldat, der im Jahr 1719, als die Burg von Kanonenkugeln durchsiebt wurde, ums Leben kam. Seither spukt er in seiner blutverschmierten Uniform durch die Räume. Er will den Kampf um Eilean Donan einfach nicht verloren geben. Lächelnd bestätigt Großmutter MacRae diese schaurige Geschichte. Nie und nimmer würde sie deshalb dort drüben übernachten, obwohl sie selbst den gruseligen Untermieter noch nie gesehen hat. Doch es gibt Leute, die schwören, dem Soldaten schon begegnet zu sein.

Ob dies nun stimmt oder nicht: Das Angebot, eine Nacht auf Eilean Donan zu verbringen, haben wir dankend abgelehnt. Da konnte Alice bei der Einladung noch so unschuldig lächeln ...

Die MacRaes und dieses mystische Eilean Donan hatten eine unerklärliche Wirkung auf uns. Wir kamen in den folgenden Wochen nicht zur Ruhe. Ob Nordirland, Irland, England, Frankreich oder Polen – überall sahen wir nur Alice. Wir sahen sie durch den Park reiten, uns von den Zinnen ihrer Burg zuwinken, manchmal sahen wir sie sogar gemeinsam mit dem spanischen Soldaten am Ufer des Fjords nach Muscheln suchen. Auch noch als wir die weißrussische und dann die ukrainische Grenze entlangfuhren, Alice war bei uns. Erst in der Slowakei, im Land der Berge, Bauern und Bären, waren wir bereit, uns auf eine neue Freundschaft und auf ein neues Märchen einzulassen. Wie in Schottland geht es um die Beziehung zwischen einer Großmutter und ihrem Enkelkind. Eigentlich sollte die Geschichte beginnen mit: „Es war einmal ..." ■ ■ ■

Magdaléna

Großmutters Schatztruhe

Zdiar ist ein Bergbauerndorf in der Hohen Tatra. Nur fünfzehn Kilometer sind es bis zur polnischen Grenze, und obwohl die Landschaft zu jeder Jahreszeit ihre Reize hat, verirren sich nicht mehr allzu viele Fremde hier herauf. Früher, vor der deutschen Einheit, als es die DDR noch gab und die Bevölkerung nur Urlaub in sozialistischen Ländern machen durfte, da war Zdiar ein beliebter und belebter Ferienort. Jetzt, Ende Juni, sind wir fast die einzigen Gäste. Man sieht dem Dorf an, dass es bessere Zeiten erlebt hat. Und man sieht es den Menschen an. Die Hosen sind alt, die Hemden geflickt, ein Kittel schützt den guten Rock. Die Gesichter und die Hände schützt nichts. Rau sind sie, von Wind und Wetter gegerbt. Und groß. Zupacken müssen sie können. Alzbeta Zoricák hat solche Hände. Auch Stefan, ihr Mann. Sie ist fünfundsiebzig, er dreiundachzig Jahre alt. Sie treffen wir im Stall, beim Melken der einzigen Kuh. Ihn am Hang vor dem Hof, beim Mähen. Der Sommer ist kurz in der

Hohen Tatra, die wenigen Tage wollen genutzt sein. Sie schätzt das Gespräch, er schweigt lieber und kann mit Fremden nicht viel anfangen, selbst wenn sie von seinem Enkelkind Magdaléna begleitet werden. Aber neugierig ist er trotzdem, will wissen, warum wir ausgerechnet über seine Familie und seinen alten Holzbauernhof schreiben wollen. Und solange er die Sense schleift, hört er uns zu.

Der Zufall war uns wieder einmal willkommener Helfer gewesen, als wir durch Zdiar fuhren. Die alten Holzhäuser, die früher einmal den Kern des Dorfes bildeten, hatten es uns angetan, und wir stellten uns die Frage: Wie sieht es wohl drinnen aus? Wer lebt da – und wie? Als wir gerade beschlossen hatten, einfach anzuhalten, um uns genauer umzusehen, sahen wir Kinder, die auf einer Wiese tobten. Was für ein Bild: Die Buben und Mädchen in kunterbunter Tracht, drei knorrige Schäfer mit ihren wolligen Tieren und als Kulisse die majestätischen Berge der Hohen Tatra – eine perfekte Idylle. Aus solchen Motiven entstehen Postkarten.

Und genau dafür standen die Kinder Modell. Ein Fotograf aus Poprad hatte die Trachtengruppe der Volksschule aktiviert, um mit neuen Bildern für den Tourismus in dieser Region zu werben. Und inmitten dieser singenden, tanzenden, quiekenden Kinderschar entdeckten wir ein besonders hübsches Mädchen: leuchtende Augen, ein sorgenvergessendes Lachen, ein frech baumelnder Pferdeschwanz. Wir sahen uns an und dachten beide: Fehlte nur noch, dass dieses Charme versprühende Energiebündel in einem der wunderschönen Holzhäuser lebt ...

Wunsch und Wirklichkeit gehen häufig getrennte Wege. Magdaléna wohnt, wie sich herausstellte, im Schulhaus, einem hässlichen Bauwerk sozialistischer Einheitsarchitektur, und auch ihre Familie

passt so ganz und gar nicht zu unserer Vorstellung vom harten, entbehrungsreichen Leben in der Hohen Tatra. Vater Alfonz Zoricák ist Politiker, Mutter Magdaléna Lehrerin, Schulleiterin obendrein. Die beiden älteren Schwestern Martina und Andrea sind moderne junge Frauen, die an der Universität studieren.

Martina spürte sofort, dass wir enttäuscht waren. In fließendem Englisch versuchte sie uns zu trösten: „Meine Großeltern leben noch so, wie ihr euch das wohl vorstellt. Und meine kleine Schwester Magdaléna ist hier wie dort zu Hause. Kommt, ich bring euch hin, ihr Hof ist am anderen Ende des Dorfes.“ So kamen wir doch noch zu unserem Märchen.

Es war einmal ein Dienstmädchen, das hieß Alzbeta, und es lebte in dem kleinen Bergbauerndorf Zdiar in der Hohen Tatra. Alzbeta war noch nicht volljährig, doch sie hatte schon viele Kinder. Keines ähnelte dem anderen, keines sah aus wie sie, und keines sprach ihre Sprache. Trotzdem sagten manche dieser Kinder Mutter zu ihr, und Alzbeta liebte sie alle, als wären es ihre eigenen. Die Kinder waren von weither geschickt worden, von einem Land, in das der Krieg blutige, grausame Wunden schlug. Man hatte sie vor den Bomben in Sicherheit gebracht, vor den Kugeln der Maschinengewehre und vor der Hungersnot. Hier, in Zdiar, gab es zu essen. Es gab Milch, Brot, und die Hühner legten ungestört vom fortwährenden Sirenengeheul der Luftschutzbunker Eier. Manchmal gab es sogar Speck. Und weil Alzbeta ihre Kinder nicht nur versorgen, sondern auch verstehen wollte, lernte sie deren Sprache, lernte sie Deutsch. Und so kam es, dass sie ihre Kinder trösten konnte, die alle Heimweh hatten und oft gar bitterlich weinten. Als der Krieg zu Ende ging, gingen auch die Kinder. Sie fuhren nach Hause. Nach Dortmund, nach Bielefeld, nach Berlin, nach Stuttgart oder München. Ein

paar kamen, erwachsen geworden, zurück, um einer außergewöhnlichen Frau danke zu sagen. Im Märchen käme jetzt noch Alzbetas Traumprinz aus dem Krieg nach Hause, würde sie heiraten, und die Geschichte fände ein glückliches Ende.

Nun ja, fast so war es auch. Nur dass im richtigen Leben die Geschichte noch weitergeht. Und je länger Großmutter Alzbeta erzählt, desto größer wird unser Respekt vor dieser kleinen, starken Person mit dem zurückgesteckten grauen Haar, dem schwarzen Kleid und dem gütigen Gesicht. Fünf eigene Kinder hat sie in den schweren Nachkriegsjahren großgezogen.

Yan, ihr ältester Sohn, lebt heute in Frankreich, und wer in der Welt der bildenden Künste zu Hause ist, kennt seinen Namen: Yan Zoritchak ist einer der berühmtesten Glaskünstler der Erde. Seine Schöpfungen sind zu groß und zu teuer, als dass sie Mutter Alzbeta zu Hause in der Vitrine stehen hätte. Aber Yan hat ihr und seinem Heimatort ein viel schöneres Geschenk gemacht: eine Galerie, in der einige seiner Werke ausgestellt sind. Auch die Nachbildung jener „Arktischen Blume“, die der Künstler bei einer Nordpolexpedition seines Heimatlandes am 27. April 1993 im ewigen Eis zurückließ.

Doch auch auf die anderen Kinder kann Alzbeta stolz sein. Der Zweitälteste ist Richter geworden, der dritte Sohn war Ingenieur, ehe er zu früh für immer Abschied nahm. Die Tochter wurde Krankenschwester, und Alfonz, der Vater unserer kleinen Magdaléna, war wie seine Frau Lehrer, bevor er mit der Revolution 1989 ins slowakische Parlament einzog. Dass eines ihrer Kinder nun Politiker ist, sieht die Mutter sehr nüchtern. „Politik“, sagt sie, „Politik ist ein schmutziges Geschäft.“

Alzbeta erzählt die Lebensläufe ihrer Kinder so, als sei aus ihnen von ganz alleine das geworden,

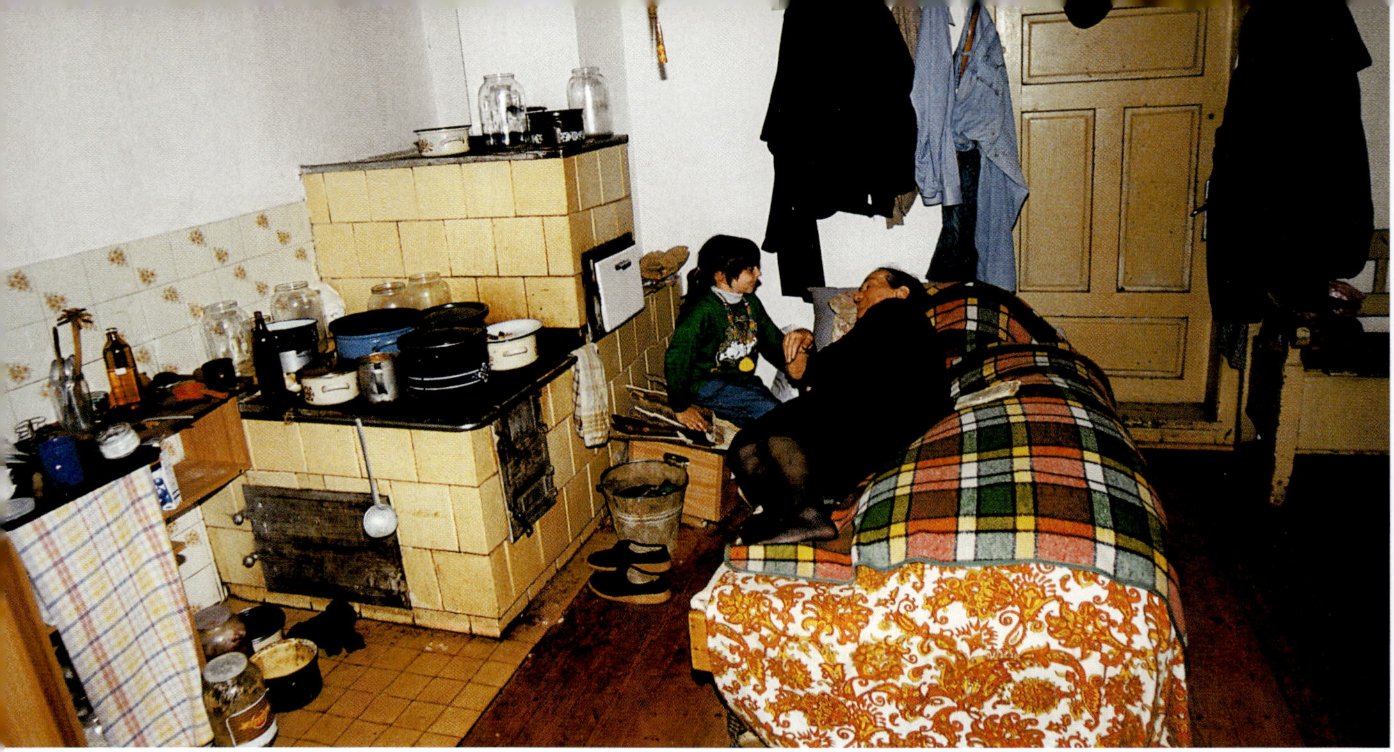

was sie heute sind. In Wahrheit hatten sie und ihr Mann stets nur ein Ziel: Ihren Kindern sollte es einmal besser gehen als ihnen. Um allen eine gute Schulbildung zu ermöglichen, verdingte sich Stefan, der Kleinbauer, nachdem zu Hause das Feld bestellt war, noch als Holzknecht in einem Sägewerk. Zehn Kilometer ging er damals zu Fuß zur Arbeit. Zehn Kilometer hin und zehn zurück. Bei Eis und Schnee, bei Sonne und Regen.

Die zehnjährige Magdaléna steht mittlerweile im Unterhemd vor uns. Die Fotoaufnahmen sind beendet, ihr Trachtenkleid kommt in Großmutters dickbauchige Wäschetruhe zurück, die in der Wohnstube wie ein Tresor in der Ecke steht. Die feinen Bettlaken, Großvaters Sonntagsstaat, die Tischdecken aus Damast – hier liegt, von Mottenkugeln bewacht, der gewebte, gehäkelte und bestickte Familienschatz der Zoricáks. Es ist nicht der materielle Wert, der ihn so kostbar macht: Hier findet sich die ganze Geschichte der Familie wieder. Hier liegen, fein säuberlich gestapelt, Vergangenheit und Zukunft.

Unter all den Kleidungsstücken ist auch ein Stück schlichtes, vergilbtes Leinen, das einmal in einem Weidenkorb lag. Über fünfzig Jahre ist das her, und dreißig Jahre lang hat Alzbeta Zoricák geweint, wenn sie das Leinentuch in die Hand nahm. Nun erzählt sie uns, was es damit auf sich hat.

„Der Sommer 1946 hatte besonders strahlend begonnen. Der Krieg war vorbei, mein geliebter Mann von der Front zurück, und ich war wieder Mutter geworden. Viel Zeit zur Erholung blieb mir allerdings nicht, denn die schwere Arbeit auf dem Hof ging ja weiter. Den Säugling, meinen kleinen Wurm, nahm ich immer in einem Weidenkorb mit aufs Feld." Alzbeta schluckt, hält wie zum Gebet inne, und fährt fort: „An einem Tag im

August passierte dann das Unfassbare: Der Wind blies kräftiger und kälter als sonst durch das geflochtene, luftige Weidenbettchen. Mein Kind bekam eine Lungenentzündung – das kleine Leben erlosch. Und meines fast mit ihm."

Alzbeta hat Magdaléna, ihr geliebtes Enkelkind, bei dieser Schilderung noch inniger als sonst in den Arm genommen. Es bedarf keiner Worte mehr, keiner Blicke, um zu verstehen: In Magdaléna lebt ihr Kind weiter.

Wir beneiden Magdaléna und sind uns ganz sicher: Dieses zehnjährige Mädchen aus der Hohen Tatra hat die beste Großmutter auf der ganzen Welt. Und obwohl beide uns nicht ziehen lassen wollen, müssen wir weiter. Ein Küsschen für Magdaléna, ein Bussi für die Oma, dann geht es die Berge hinunter und hinein in den Mittelpunkt Europas, nach Ungarn. Tief im Süden, wo schon die Zitronen und Orangen blühen, in den Hügeln des Mecsek-Gebirges, sind wir zu Gast bei der Familie des Bürgermeisters von Husztót. Wir haben diese Bekanntschaft einer Bibliothekarin aus dem nahen Pecs zu verdanken, die fest davon überzeugt ist, dass wir einen Besuch in dem verschlafenen Nest Husztót nicht bereuen werden ■ ■ ■

Máté

Máté und das Geheimnis des Kirschbaums

Als wir um die Kurve biegen, liegt Husztót hitzeschlaff im grellen Licht der Mittagssonne. Nur acht Kilometer sind es von Abaliget, das man auf der Landkarte noch findet, hierher. Abaliget ist ein pulsierendes Dorf mit einer Schule, einem Wirtshaus, einem Polizeirevier und sogar einer Arztpraxis samt Doktor. Husztót hat das alles nicht, Husztót braucht das alles auch nicht, denn Husztót hat viel mehr: eine Bücherei, eine Kunstsammlung und ganz zweifelsfrei den ungewöhnlichsten Bürgermeister Ungarns.

Husztót? Eigentlich sind das nur ein paar altersschwache Steinhäuser, die sich stützend an einen sanften Grashang lehnen. In sicherer Entfernung, jenseits des Dorfbaches, schlängelt sich die kaum befahrene Verbindungsstraße von Abaliget nach Okorvölgy vorbei, und nicht einmal der Zug der Zeit macht hier Halt. Nach Husztót kommt man nicht, man geht von hier weg. Mit Ausnahme dieses Ruhe suchenden deutschen Paares, das sich vor etlichen Jahren im Dorf niederließ und ihm mit einer neu gebauten Herberge ein Zeichen der Moderne verlieh.

Als wir nach Husztót kommen, glauben wir: Bestimmt wohnt in diesem etwas besseren Haus der Bürgermeister mit seiner Familie! Doch unsere Dolmetscherin, die Bibliothekarin aus Pecs, lenkt uns zu einem verwitterten Bauernhaus, vorbei an einem Misthaufen und einer Scheune, durch die sich ein Pferd ein Fenster getreten hat. Neben dem alten Ziehbrunnen sitzt die Familie Kiss feixend im Gras: Vater Ferenc, verschwitzt, barfuß, in kurzen Hosen und noch die Sense in der Hand, die fünfzehnjährige Eszter, der neunjährige Bence und Máté, der bald acht wird und der so breit lachen kann, dass ihm dabei jedes Mal

die Sommersprossen bis zu den Ohrläppchen kugeln. Mutter Ilona stellt zuletzt sich und mit liebevollem Blick auf ihr rundes Bäuchlein auch noch den jüngsten Sproß vor: „Rozalia oder Bendegúz, wir wissen nicht, ob es ein Mädchen oder ein Bub wird." Wir plumpsen ins frisch gemähte Gras und sind platt: So haben wir uns eine Bürgermeistersfamilie nicht vorgestellt!

Ferenc, parteilos und seit sieben Jahren in Husztót in Amt und Würden, lädt uns ein zum Dorfspaziergang. Vorher, sagt er, müsse er sich jedoch noch waschen, so verschwitzt, wie er sei. Er schultert ein Handtuch, geht zum Bach hinunter, zieht sich splitternackt aus, reibt sich mit Seife ein und ruft lachend zu uns herauf: „Wir haben kein fließendes Wasser im Haus." Auch im Winter, wenn es bitterkalt wird im Mecsek-Gebirge, dient ihm die Natur als Badezimmer. Dabei könnte Ferenc bei seinen netten deutschen Nachbarn die Dusche im kleinen Gästehaus nutzen, aber der Achtunddreißigjährige sähe dabei ein Stück Lebensqualität schwinden. Außerdem hätte er sich den Luxus einer Badwanne längst leisten können, denn seit 1994 haben alle im Dorf eine Wasserleitung vor dem Haus. Aber für ihn hat sein kleiner Hof eine Seele, und die will er nicht mit Hammer und Meißel zerstören. In dem Wohnhaus gibt es nur drei Räume: In der Mitte die Küche, rechts das Zimmer der Eltern, links spielen und schlafen Eszter, Bence und Máté. Für Papa Ferenc ist sein Heim ein kleines Familienmuseum. Er sieht sich noch heute Eszter auf einem Strohsack nach Hause bringen und hat nicht vergessen, wie glücklich Ilona und er darüber waren, endlich eine Familie zu sein. „Ich will das Haus nicht unnötig verändern", sagt Ferenc und betont erneut: „Die Seele darf nicht verloren gehen." Dennoch wird er nun anbauen müssen: „Für sechs Leute werden die drei Zimmer zu eng."

Eszter, Bence und Máté ist es egal. Für sie misst sich Freiheit nicht in Quadratmetern, die steht unten im Stall und kann gesattelt werden oder die erlebt man oben, in der Werkstatt des Großvaters, wenn dieser einem Stück Holz Leben einhaucht und man damit – wie in der Geschichte von Pinocchio – die unglaublichsten Abenteuer erleben kann. Papa Ferenc lässt der Fantasie und dem Tatendrang seiner Kinder freien Lauf. Er sagt: „Wenn ein Kind zur Welt kommt, ist es eine Persönlichkeit mit eigenem Willen und eigener Freiheit. Ich kann ihm nur etwas vorleben, zu etwas zwingen kann ich es nicht." Was nicht heißt, dass Eszter, Bence und Máté tun und lassen können, was sie wollen. Natürlich müssen sie ihre Pferde selbst versorgen, den Stall ausmisten und mithelfen, das Heu zu wenden. Ferenc sagt: „Man muss auch lernen, wie man arbeitet."

Beim Spaziergang durchs Dorf gehen alle mit. Wir sehen uns die Kirche an, besuchen Großvater mit seinem langen grauen Rauschebart in der Holzschnitzerei, und natürlich zeigt uns Ferenc seine kleine Kunstsammlung, die er im Rathaus ausgestellt hat. Es sind alles Gegenstände, die er sich von der Natur geborgt hat. Verschlungene Wurzeln, ein Baumstamm, der aussieht wie ein Stuhl, ein zum Diamanten geschliffener Kiesel. Rätseln lässt uns ein Stück Kirschbaumholz, in dessen Astloch eine Haselnuss liegt. „Kleines Geheimnis" nennt der Bürgermeister dieses Werk, und wie wir es auch drehen und wenden, wir vermögen dem Kirschbaum sein Geheimnis nicht zu entlocken. Ferenc verrät es uns auch nicht, wir müssten schon selbst dahinter kommen, meint er.

Noch haben wir das Wichtigste im Dorf nicht gesehen: die Bibliothek. Darauf ist der Bürgermeister besonders stolz, denn es sei nicht leicht gewesen, die 102 Einwohner vom Nutzwert einer Bücherei zu überzeugen. Aber er ist der Meinung:

„Wenn geklatscht wird, habe ich etwas falsch gemacht. Wenn die Leute mich kritisieren, ist meine Arbeit gut." Wer immer noch nicht einsehen will, dass zwischen zwei Pappdeckeln die Zukunft eines jeden Volkes liegt, dem erzählt Ferenc die Geschichte von dem Zigeuner, der einen Arm verloren hatte und der bald darauf im Rathaus erschien, um sich ein Buch auszuleihen. Was er damit denn anfangen wolle, wurde er gefragt, wo doch jedermann wisse, dass er weder lesen noch schreiben könne. Jetzt, da ich ein Krüppel bin, habe der Zigeuner geantwortet, kann mir nur noch Bildung helfen.

Seine Kinder muss Ferenc vom Wert der Bücher nicht mehr überzeugen. Alle drei sind Leseratten, allen voran Máté, der ein ehrgeiziges Ziel hat: Er will einmal Ministerpräsident seines Landes werden. Talent dazu hat er. Zum Abschied malt uns Máté nämlich ein Bild, das ihn bereits als perfekten Politiker ausweist. Es zeigt ein ungarisches Frachtschiff, das gerade eine Truhe mit Gold an Bord hievt. Zufrieden sieht Máté aus dem Bullauge. In welchem Land der Kapitän den Schatz gefunden hat, erklärt die Beflaggung an Deck: Schwarz-rot-golden flattert dort das reiche Deutschland im europäischen Wind.

So weit der Staatsmann Máté. Dem siebenjährigen Privatmann Máté ist sein Flitzbogen wichtiger und die Tatsache, dass sein Papa auch auf dem Bolzplatz für ihn kämpft. Papa, der Mann für alle Bälle. Was, so fragen wir zum Abschied, was wünscht sich der Herr Bürgermeister für seine Kinder? Da sagt Ferenc ohne eine Sekunde zu überlegen: „Wenn sie ihre Kindheit behalten könnten, das wäre mein Wunsch. Wenn sie auch noch als Erwachsene erkennen, wie schön es sein kann, ein totes Astloch mit einer Haselnuss zum Klingen zu bringen." Das Geheimnis des Kirschbaums – jetzt kennen wir es.

Wir wollen nicht ungerecht sein: Nicht nur Máté, auch sein älterer Bruder Bence hat uns ein Bild gemalt. Es zeigt einen Delphin, der von einer Insel wegschwimmt, zurück in das endlose Blau des Meeres. Wie wir. Auch unsere Reise geht weiter. Landschaft und Sprache werden vertrauter, in Österreich sind wir ja fast zu Hause. Trotzdem tauchen wir noch einmal ein in eine uns fremde Welt. Zahlreiche Mythen und Legenden ranken sich um die Asten, ein abgelegenes Hochgebirgstal in Kärnten. Dort ist es so steil, dass selbst die Hühner Steigeisen tragen, und die Natur macht schon aus kleinen Buben große Männer ▪ ▪ ▪

Martin

Die Kinder vom Jurassic Park

Es gibt Gesichter, die vergisst man nicht. Der Michelerbauer hat so ein Gesicht. In jeder Furche hat sich das Leben ein Denkmal gesetzt, jede Falte erzählt eine Geschichte. Und der Michelerbauer hat viele Falten. Sehr viele. Achtzig Jahre ist er jetzt, und wie die Jahresringe einen Baum, so beschreiben Falten den Menschen. Tief sind die Furchen auf seiner Stirn, gezogen wie von einem Pflug, vor den er sich im Sommer schon als zehnjähriger Bub schnallen musste, um im steinigen Bergboden für die Gerstensaat Platz zu schaffen. Tief graben sie sich in die Wangen, die der stürmische Wind einst dem kleinen Hirten mit rauer Hand gestreichelt hat, wenn er aufpassen musste, dass die Michelerkühe nicht Nachbars Grün wiederkäuen. Und tief umrahmen sie das Kinn, das der Hannes nur ganz selten aufstützen konnte, um träumend mit den Wolken durchs Tal zu wandern. Trotzdem blitzen die stahlblauen Augen des alten Michelerbauern so zufrieden, als habe er mit der Welt hier heroben stets nur in Frieden gelebt, und Dutzende winziger Lachfältchen bekränzen sie mit einem Fächer der Zufriedenheit. „Na klar", schmunzelt der Michelerbauer, und mit „na klar" beginnt er fast jeden Satz, „na klar hatten wir Kinder es nicht leicht, aber ich hätt' nicht weggehen mögen." So ist er geblieben, als Zeuge einer vergangenen Zeit, die wir vorab schildern sollten, damit wir die neue Generation auf der Asten, den achtjährigen Martin und seinen Bruder Anton, überhaupt verstehen können.

Wie wir hierher in die Asten kamen, ist schnell erzählt: Irgendwo im Mölltal hatten wir von Ungarn kommend Station gemacht und waren bei einer Jause mit der Wirtin ins Gespräch

gekommen. Als wir ihr erzählten, dass wir ein Buch mit Kindergeschichten aus aller Herren Länder schreiben und nur hier in Österreich noch nichts Spannendes entdeckt hätten, da erzählte sie uns von der Asten, wo es in 1700 Metern Höhe nicht nur die kleinste Schule Europas gebe, sondern auch diese kuriose Geschichte eines dreizehnjährigen Mädchen, das einst dort oben Lehrerin war.

Man muss wissen, dass die Höfe in der Asten bis vor fast vierzig Jahren nur durch einen beschwerlichen stundenlangen Fußmarsch zu erreichen waren und die Einschichtbauern sich um die Bildung ihrer Kinder selbst kümmern mussten. Unterrichtet wurde nur von Weihnachten bis Ostern, später dann von Allerheiligen an. Die übrige Zeit wurden die Kinder im Stall und auf dem Feld gebraucht. Nur ein einziges Mal erbarmte sich ein pensionierter Gendarm einen Winter lang und übernahm diese Aufgabe, ansonsten teilten die Astener das ungeliebte Lehramt unter sich auf. Dem alten Suntingerbauern folgte die Zenzermutter, dann kam der Sabernigbauer und schließlich, von 1900 bis 1913, Theresia Reiter. Das Mädchen war im Mölltal daheim und hatte die Volksschule in Döllach besucht, ehe sie mit zwölf Jahren als Magd in die Asten kam. Im ersten Winter ging sie noch in die Astener Schule, in der ihr Verwandter, der Sabernigbauer, den Mädchen und Buben mehr schlecht als recht das weiterzugeben versuchte, was man ihm einst selbst an Wissen mit auf den Lebensweg gegeben hatte. Dass das nicht allzu viel war, hatte die lebhafte Theresia bald herausgefunden, und immer öfter unterbrach sie den Unterricht mit dem Satz: „Bitt, so hon is net g'lernt." Der Sabernigbauer ließ sich solch Schmach nicht lange bieten, und eines Tages fauchte er: „Wenn du gescheiter bist als ich, kannst du ja d' Lehrerin sein." Und so kam es, dass im nächsten Winter das Mädchen, gerade dreizehn Jahre alt geworden, als Lehrerin vor der

Schiefertafel stand. Der Pfarrer Strieder von Sagritz, der sich ein wenig um die Astener Schule kümmerte, war einverstanden, lobte ihren Mut und freute sich, dass der Unterricht auf diese Art und Weise weiterging. Auch die Bauern waren mit der neuen Lehrerin zufrieden, einer sogar so sehr, dass er fünf Jahre später um ihre Hand anhielt und die mittlerweile Achtzehnjährige zum Traualtar führte.

Und wenn sie nicht gestorben sind, dann leben sie noch heute, sagten wir uns und steuerten unseren Landrover so schnell es ging auf den kühn angelegten Güterweg, der sich von Mörtschach aus an einer Bergflanke höher und höher windet und seit 1965 die Asten mit der Außenwelt verbindet. Vielleicht, so hofften wir, gibt es von dieser Lehrerin ja noch Nachkommen. Und als wir vor dem Schild „Volksschule Asten, 1700 m" Halt machten, da kam uns der achtzigjährige Michelerbauer entgegen, und als wir ihn unbekümmert fragten, ob es hier irgendwo vielleicht noch Kinder von dieser dreizehnjährigen Lehrerin zu Beginn des 20. Jahrhunderts gebe, da sagte er mit diesem spitzbübischen Lachen: „Na klar, mich!"

Wie damals ist auch heute noch ein Raum des Michelerhofes die Schule. Wenn auch inzwischen ausgestattet mit Computern und Fernseher, den Hilfslehrern des neuen Jahrhunderts. Erst vor einigen Jahren wurde das letzte Relikt vergangener Zeiten kaltgestellt: Bis 1997 gab es als Heizung nur einen Kachelofen, den die Elfriede und der Lois, die heute den Michelerhof samt Fremdenzimmern bewirtschaften, bereits um fünf Uhr morgens anheizen mussten, damit es zu Schulbeginn mollig warm war.

Fast ein ganzes Jahrhundert trennt die unerschrockene Theresia von Maria, der jetzigen Lehrerin. Doch auf junge, hübsche Frauen scheinen

die Astener sich zu verstehen. Auch die Maria ist erst zweiundzwanzig, als sie im Herbst 1996 von Spittal an der Drau herauf in die Asten kommt und gleich über dem Schulzimmer Quartier bezieht. Die Namen ihrer Schützlinge kann sie sich leicht merken, es sind nur drei: Alice, Anton und Martin. Die elfjährige Alice ist die Tochter des Wirtes vom Sadnighaus, der Schutzhütte ganz am Ende des Tals. Der ebenfalls elfjährige Anton und der achtjährige Martin sind die Suntinger-Buben. Erst im letzten Jahr wurde aus dem Trio ein Quartett: Mit fünf Jahren gesellte sich als Vorschüler der Stefan vom Teirererhof hinzu. Mehr Kinder gibt es auf der Asten nicht. Und weil es eine so winzige Schule selbst im australischen Busch nur ganz selten gibt, kommen ab und an auch neugierige Journalisten in die Asten, und dann wird der Anton grantig und schimpft gar fürchterlich über diese Schreiberlinge, die aus seiner Schule und seinem Dorf stets nur einen Jurassic Park mit den letzten Dinosauriern der Berge machen wollen: „Die Mistgabel sollen's in d'Hand nehmen und auf 'm Hof helfen, des wär' g'scheiter." Der Anton mag die Fremden nicht, da macht er auch bei uns keine Ausnahme. Also halten wir uns fürs Erste an den umgänglicheren Martin, der uns erlaubt, ihn auf dem Auernighof zu besuchen.

Der Auernighof ist gleich das erste Anwesen, wenn man die zehn Kilometer vom Tal herauf in die Asten kommt. Weil Vater Anton metzgert und räuchert und seine Würste und der Speck nicht zu verachten sind und Mutter Irene das beste Brot von ganz Kärnten bäckt, kommen auch Wanderer und Skitourengeher auf den Auernighof, um dort einzukaufen. Das macht dem Anton junior wiederum nichts aus. Schließlich weiß er, wie hart sich das Geld in der Asten verdient. Daran hat sich im Laufe der Jahrhunderte nicht viel geändert. Die Berghänge sind nicht flacher geworden, und auch heute noch müssen die

Kinder auf dem Hof mithelfen. Als wir kommen, mäht die Familie Suntinger gerade den Hang vor dem Haus, der sich fast senkrecht zum Astenbach hinabstürzt. Die Mama, der Papa, die zwei Buben und der Opa, alle schwingen sie die Sense. Der achtjährige Martin fast schon so gekonnt wie sein neunundfünfzig Jahre junger Großvater. Wie steil es hier ist, merken wir erst, als wir selbst in den Hang einsteigen. Wir können kaum gehen, schwitzen schon nach ein paar Metern vor Anstrengung und Angst: Wenn du hier ins Rutschen kommst, hält dich nichts mehr. Sakra, solch schwere Hausaufgaben mussten wir als Kinder nie machen.

Trotzdem, etwas leichter ist die Arbeit auch auf dem Auernighof geworden. Mittlerweile holt man das Heu mit einem Seilzug in den Stadel, muss es nicht mehr in der Kraxen den Berg hinaufbuckeln. Zusammentragen muss man es nach wie vor, und der Martin und der Anton stemmen solche Lasten, dass man nicht mehr die Kinder, sondern nur noch riesige Grasballen über den Hang wandern sieht. Der Teufel mit seinem Dreizack sollte sich vor den Suntinger-Buben in Acht nehmen: Die verstehen mit derlei Gerätschaft besser umzugehen.

Mit dem Tod, dem Teufel und dem lieben Gott hat es in der Asten seit jeher seine besondere Bewandtnis. Weil das Bergdorf keinen eigenen Friedhof hat, wurde der Sarg eines Verstorbenen noch bis in die 70er Jahre hinein sommers wie winters auf den Totenschlitten gebunden, den acht bis zehn Männer mit Seilen über die Mörtschacher Scharte nach Sagritz zogen. Bei einem Schneesturm mussten die Bergbauern schon mal etliche Tage warten, ehe sie den Leichnam seiner letzten Ruhestatt zuführen konnten. So entstand die Mär, die Astener würden ihre Toten über Winter einfrieren, weil ihnen der Weg ins Tal zu beschwerlich sei. Doch das stimmt wohl ebenso

wenig wie die Überlieferung, die Astener hätten einmal einen Sarg mit Trockenbirnen zu Grabe getragen und den Verstorbenen in der Scheune liegen lassen. Dass die Astener die gut gezimmerten Holzkisten tatsächlich zur Lagerung von Lebensmitteln benutzten, das freilich soll wahr sein.

So wahr wie die Liebesgeschichte vom Teufel und der Sennerin, die eigentlich alles über die Menschen in der Asten erzählt: Es war einmal eine junge, fesche Sennerin, die lebte im Astental ganz allein auf einer Hochalm. Sie war eine Rühr-mich-nicht-an, hatte nur Augen für ihre Kühe. Eines Nachts klopfte jemand an ihr Fenster. Ein stattlicher Bursche mit pechschwarzem Haar und feurig glühenden Augen bat um Einlass. Sie bewirtete ihn mit einem Glas Milch und einem Stück Brot und schickte ihn wieder fort. Doch der Unbekannte kehrte Nacht für Nacht zurück. So ging das eine geraume Zeit, und schließlich kam es, wie es kommen musste: Die einsame Magd erlag dem schönen Fremden. Doch auch ein junger Bauer aus der Asten hatte Wohlgefallen an der hübschen Sennerin gefunden und sie, ohne von dem Widersacher zu wissen, immer und immer wieder besucht, sieben Jahre lang. Und als sie ihm ob seiner Treue eines Tages nicht mehr die Türe zu weisen vermochte, da gestand sie ihm die Liebschaft mit dem seltsamen Fremden, der immer nur des Nachts komme und vor den ersten Sonnenstrahlen wieder gehe. Das könne nur der Teufel sein, sagte der junge Bauer. Sie solle beim nächsten Besuch darauf achten: Ganz sicher habe er keine Zehen, sondern stattdessen Ziegenhufe. Welch Entsetzen bei der gottesfürchtigen Sennerin, als sie noch in der gleichen Nacht entdeckte, dass sie tatsächlich die Geliebte des Teufels war. In wilder Panik lief sie zum Kaplan nach Sagritz hinunter, um ihr sündiges Verhalten zu beichten und um Rat zu bitten. Der freilich ließ sie nicht wie erwartet Buße tuend

den Rosenkranz beten, sondern gab ihr einen seltsamen Auftrag: Sie solle drei Blumen im Astener Moos pflücken und sich diese ins Haar flechten. Die würden den Teufel von ihr fern halten. Es kam tatsächlich so, denn als die Sennerin den Astener Bauern, der wieder zu ihr hinaufgestiegen war, um ihr beizustehen, mit Blumen im Haar empfing, da war es für immer um beide geschehen.

Ob auch der Martin und der Anton einmal sieben Jahre lang um die Gunst einer Frau kämpfen müssen? So tüchtig, wie die zwei sind, wäre die Alice vom Sadnighaus jedenfalls gut beraten, auf einen der Brüder zu warten. Und vor Fremden, die nachts fordernd an ihr Fenster klopfen, sei sie gewarnt ...

Übrigens: Der Toni hat uns dann doch noch gemocht. Die Asten hat ja nur 28 Bewohner – da ist in den Herzen noch viel Platz.

Noch gefesselt von den mystischen Geschichten der Asten, fahren wir nach Deutschland, nach Hause. Wir können uns ein paar Tage entspannen, ehe wir uns und unserem Geländewagen die härteste Prüfung der Weltreise zumuten. Wir wollen in das Tibesti-Gebirge, in eine der unzugänglichsten Regionen Afrikas. Von Libyen kommend, kämpfen wir uns, begleitet von zwei weiteren Geländewagen, durch die gewaltigen Dünenberge der Sahara, tasten uns im Tschad den eigentlich unbefahrbaren Pfad zum Vulkan Trou du Natron hinauf, durchqueren die Oase Zouar und wollen dann in einem weiten Bogen nach Libyen zurück. Selbst für unseren Führer ist diese Route Neuland. Was Folgen haben sollte ■ ■ ■

Die Felsenmenschen von Mezgela

Seit zwei Tagen fahren wir nur mehr querfeldein. Irgendwo hinter der Oase Ounianga Kebir haben wir im Sandsturm die Piste verloren, die vom Tschad in die libysche Oase Kufra führt. Dank unseres Satellitennavigationssystems wissen wir aber die Koordinaten. Nord: 24 Grad, 13.209 Minuten. Ost: 23 Grad, 15.199 Minuten. Da ist Kufra. Da gibt es eine Tankstelle. Da gibt es Wasser. Da gibt es Brot. Da gibt es vielleicht sogar Tomaten. Ein kühles Bier freilich, das wird es erst wieder in Tunesien geben. Dennoch: Allah sei gepriesen, wenn wir es bis Kufra schaffen.

Der Pfeil auf unserem GPS-Gerät führt uns nach einem mit schwarzem Lavagestein übersäten Teil der Sahara wieder in tückische Sanddünen, in denen wir ein ums andere Mal versinken und uns schwitzend, fluchend, mit Händen grabend und den Spaten schwingend, freischaufeln müssen: Sandbleche unters Auto, Sandbleche aufs Auto, und wieder ein paar hundert Meter weiter. Wir lassen erneut Luft aus den Reifen, um besser vorwärts zu kommen. Unsere Reserven an prickelndem Mineralwasser sind längst aufgebraucht. Den Durst löscht nur mehr lauwarmes Brunnenwasser, das wir mit einer Keramikpumpe filtern. Gut achtzig sandrote Liter schwappen noch in den Kanistern, die wir in Ounianga Kebir aufgefüllt haben.

In dieser staubigen Oase im hitzeflimmerden Nichts hatten wir mit unseren letzten Francs auch drei Fässer mit Diesel erstanden, das würde bis Kufra reichen. Für umgerechnet fünf Euro hätten wir an einem Verkaufsstand aus zerlumpten Tüchern und Ziegenhäuten sogar eine Flasche Cola kaufen können, aber weder unsere libyschen Dinare noch US-Dollars, geschweige denn unsere europäische Währung hatten im babylonischen Sprachengewirr irgendjemand interessiert. Also

weiter. Doch gleich hinter der nächsten Bergkuppe zwang uns ein grandioses Schauspiel zum Anhalten. Nein, das war keine Fata Morgana, keine Luftspiegelung im flimmernden Wüstenwind. Das war echt, greifbar, und doch unfassbar: Da lag inmitten des goldfarbenen Dünenmeeres ein See wie aus Tausendundeiner Nacht: tiefblau das gläserne Wasser, in dem sich eitel ein sattgrüner Hain aus Palmen spiegelte – und die gerade untergehende Sonne spannte einen zartrosa Himmel darüber. Wir dachten an den Himalaya, an die Anden, an Alaska und die beeindruckenden Weiten Kanadas und konnten uns doch nicht erinnern: Hatten wir je Vergleichbares gesehen? Doch dann knipste die einsetzende Nacht das Tageslicht aus, und wir mussten uns beeilen, um noch in der kurzen Dämmerung, irgendwo in den Dünen versteckt, einen sicheren Schlafplatz zu finden.

Im millionenfachen Schein der Sterne ist die Wüste ein friedliches, stilles, kühlendes Paradies. Erst im Glutofen des Tages wird sie zur Hölle. Wir fahren Vollgas im zweiten Gang, jagen unseren Wagen laut aufheulend die Dünen hinauf und lassen ihn sich verschnaufend im ersten Gang den Weg hinunter alleine suchen. In der Wüste wird das Auto zum Verbündeten, zum Lebensretter. Bitte, lass es auch die nächste Düne schaffen, diese gigantische Wand aus Sand, die sich immer wieder von neuem auftürmt. Irgendwo muss es doch diese verdammte Piste geben, auf der die Schmuggler mit ihren hoch aufgetürmten Lastwagen von Libyen in den Tschad holpern. Die freilich ist nicht ungefährlich, seit Oberst Muammar al-Ghaddafi in den achtziger Jahren einen Krieg gegen den Tschad anzettelte. Nun sind weite Landstriche vermint. Auch unseren Weg säumten schon zerfetzte Autos und ausgebrannte Panzer. Aber wo wir jetzt sind, ist nichts. Nur Sand, Sand, Sand. Und wieder einmal geht es nicht weiter. Wir stecken fest. Dieses Mal aber zu unserem Glück, denn als unser Führer eine Düne

148 hinaufsteigt, um einen Ausweg aus der Misere zu suchen, entdeckt er eine verwunschene Oase.

Laut schreiend flüchten sich die Kinder in die aus Palmenblättern geflochtenen Mattenhütten, als sie unsere dieselgetriebene Karawane auf die Oase zuschlittern sehen. Wir halten unter einem Schatten spendenden Baum und warten. Nur ein paar Meter entfernt tränenüberströmt zwei Babys nackt im Sand. Sie können nicht weglaufen, brüllen wie am Spieß, strampeln verzweifelt mit ihren dünnen Beinchen und scheuern sich mit ihren sandigen Fingern die feuchten Augen wund. Während eine Frau im rot gefärbten Wickelrock ihre Kinder rettet, kommt ganz offensichtlich der Herr der Oase auf uns zu, eine imponierende Erscheinung: relativ jung, gertenschlank, bildhübsch. Mit einer ausladenden Geste bietet er uns unter dem Schattenbaum einen Platz an. Die Unterhaltung verspricht schwierig zu werden, wir können kein Arabisch. Doch eines ist klar: Der stolze schwarze Mann ist ein Tubu. Von denen haben wir gehört. Tubu, das bedeutet Felsenmenschen. Ihr Lebensraum ist das Tibesti-Gebirge, die höchste Erhebung der gesamten Sahara. Legendäre Dinge werden über die Tubu berichtet, über ihre Ausdauer und ihr Vermögen, Spuren zu lesen. Früher waren die Tubu, die in Familienclans leben, gefürchtete Karawanen-Plünderer, die in steter Feindschaft mit den Tuareg, den bekanntesten Nomaden der Sahara, lebten. Und wir wissen auch: Die Tubu gelten als jähzornig, leicht erregbar, rachsüchtig und gastfeindlich. Viele Frauen tragen einen Dolch an der Wade, mit dem sie ihre Ehre und ihre Ehe verteidigen. Die Tubu fühlen sich als die wahren Herrscher der Sahara, und sie beugen sich keiner Regierung. Na prima, da haben wir es ja richtig gut erwischt.

Doch wir zeigen keine Angst, unser Tubu gibt sich zudem ausnehmend freundlich. Als wir ihm mit Händen und Füßen erklären, dass wir gerne in

seiner Oase, dort drüben bei den Palmen, übernachten würden, nickt er und deutet zum Brunnen hinüber, wo wir Wasser schöpfen könnten. Der wirkt nicht besonders erfrischend, ist nur ein paar Meter tief, und als Schöpfkelle dient der Stahlhelm eines Soldaten, an den ein Strick gebunden wurde. Die Gunst der Stunde nutzend, wollen wir unseren Gastgeber noch fragen, ob wir ihn und seine Familie fotografieren dürfen. Wir zeigen ihm die Kamera, womit der Tubu aber rein gar nichts anzufangen weiß. Ratlos starrt er auf das schwarze Gehäuse. Erst als ihm Franz ein Bild seiner Tochter Alena zeigt, versteht der Tubu, um was es geht. Er setzt sich in Positur, erlaubt ein paar Aufnahmen und will dann das Ergebnis sehen. Er will so ein Bild, wie wir eines haben. Und zwar sofort. Wie erklärt man einem Tubu, dass man in der Sahara keinen Film entwickeln kann? All unser Bemühen erweist sich als zwecklos. Unser Gastgeber wird zunehmend ärgerlicher, er fühlt sich getäuscht. Erst als wir ihm einen Sack mit Kleidergeschenken in die Hütte stellen, ist alles wieder in Ordnung. Wir dürfen ihn beim Beten in seiner Palmenblatt-Moschee ablichten, in seinem Gemüsegarten, den er aus Schutz vor dem Wüstenwind und den gefräßigen Ziegen eingezäunt hat, und sogar ein Familienbild gelingt uns. Schwieriger wird es, die Kinder beim Wasserholen am Brunnen zu fotografieren. Wir sind ihnen noch immer unheimlich, sie halten respektvoll Distanz. Nach und nach jedoch, bei Tee und Datteln, erschließt sich uns die ganze Tubu-Familie. Issin Hussein Tachy, wie einem vergilbten Dokument zu entnehmen ist, hat zwei Frauen und acht Kinder. Gerecht verteilt, von jeder vier. Er besitzt sechs Kamele und zwei Esel. Das alles erklärt uns Issin, indem er mit dem Zeige- und Mittelfinger der linken Hand jeweils zwei Kuhlen in den Sand drückt. Fünfzehnmal macht er das bei den Ziegen – und dann zückt er plötzlich seinen Dolch und führt ihn an die Kehle. Erschrocken zucken wir zusammen, haben wir

schon wieder etwas falsch gemacht? Doch Issin will uns nur sagen, dass er uns zu Ehren eine Ziege schlachten möchte. Als wir dankend ablehnen, zeigt er sich nicht gekränkt. Er verabschiedet sich und verschwindet mit einer Wasserkanne in den Dünen zur Abendtoilette. Mit den letzten Sonnenstrahlen kehren seine beiden etwa zehn Jahre alten Söhne zurück. Sie waren die Ziegen hüten.

Im Morgengrauen, noch bevor die Sonne über die Dünen klettert, sind wir wieder auf den Beinen. Wir wollen das klare Licht für die restlichen Aufnahmen nutzen. Auch die kleinen Hirten sind schon wach, füllen am Brunnen gerade Wasser in einen Fellsack, ihre Tagesration. Dann treiben sie die Ziegen zusammen und ziehen los. Irgendwo zwischen den Bergen aus Sand muss es ein paar grüne Büschel Gras geben. In der sengenden Sonne werden die Buben ein Schatten spendendes Tuch zwischen zwei Stöcke spannen und erst am Abend wieder heimkehren. Lesen, Rechnen, Schreiben, das werden diese Söhne der Wüste nie lernen. Auch die Töchter nicht, die vor den Hütten damit beginnen, Hirse zu Mehl zu stampfen. Und Issin Hussein Tachy sehen wir wieder mit der Wasserkanne in den Dünen verschwinden. Ein neuer Tag in der Oase Mezgela beginnt.

Es wurde doch noch alles gut. Wir fanden die Piste nach Kufra wieder, und wie erhofft gab es dort Brot, Tomaten und frisches Mineralwasser. Und weiter südlich, in einem Erdölcamp, konnten wir uns sogar duschen. Der Wüstenwind jedoch blieb bis ans Mittelmeer unser ständiger Begleiter. Nachdem wir an der libysch-tunesischen Grenze die arabischen Autoschilder abgegeben hatten, ging es zurück nach Tunis. Im Fährhafen La Goulette wartete das Schiff nach Genua. Doch bevor wir den afrikanischen Kontinent verließen, sollten wir noch einmal auf Nomaden treffen. Und das ausgerechnet im Gedränge der Medina von Tunis ■ ■ ■

Oceane

Das Mädchen Oceane

152

Durch einen scheppernden Lautsprecher ruft der Muezzin zum Gebet, krächzend preist der Teppichhändler seine Ware und zupft die Touristen am Ärmel: „Bitte kommen, nur schauen. Nix kaufen, aber wir haben schönste Terrasse mit Blick über ganze Altstadt." Von der Einsamkeit der Wüste in die Hektik einer arabischen Großstadt, von der Stille in den Lärm, vom Dosenfutter zum Schlemmermahl, diese vibrierende, pulsierende Atmosphäre puscht die Sinne von einem Extrem ins andere: Zivilisation, du hast uns wieder.

Wir genießen den Spaziergang durch die Medina von Tunis, durch dieses Denkmal islamischer Kultur. Die Händler und Handwerker sind ihr Herz: der Goldschmied, der funkelnde Plättchen zu Kleinoden kettet, der Schneider, der in einer dunklen Nische behänd die Fäden zieht, der Hutmacher, der geschickt bürstend den Filz formt, der Barbier, der fingerfertig die Klinge schwingt, der Wasserverkäufer, der mit weitem Strahl die Gläser füllt.

Große und kleine, dicke und dünne, hellhäutige und dunkle, elegante und zerlumpte, haarige und glatzköpfige, stubs- und hakennasige, mürrische und lächelnde, hastende und gemütlich schlendernde Menschen – es ist ein nicht abreißender Strom des Lebens, der sich zäh fließend in den verwinkelten Gassen der Medina verteilt. Es riecht nach Parfüm und Schweiß, nach Tabak und Tee, nach Safran und Nelken. Die Gefühle tanzen.

Vor einem Laden mit Kunstgewerbe bleiben wir stehen. Doch es sind nicht die bunt bedruckten Tücher und Bilder, die uns staunen lassen: Es ist ein Mädchen. Schlafend liegt es engelsgleich im Schoß der Mutter, ein unverkäufliches Gemälde in der Galerie des Augenblicks. Keine Mutter, die nicht stolz wäre, wenn sie bewundernde Blicke für ihr Kind spürt, so auch hier: „She is very tired, but she is sweet, isn't she?" Oh ja, sie ist wirklich süß. Und da auch wir vom vielen Herumlaufen müde sind, setzen wir uns zu Mutter und Kind, kommen ins Plaudern und sind schon wieder mittendrin in einer neuen Kindergeschichte aus Träumen und Wirklichkeit.

Die Mutter heißt Marie de Williencourt, ist achtundzwanzig Jahre alt, stammt aus einem Adelsgeschlecht im Süden Frankreichs und kam im blutjungen Alter von erst acht Tagen nach Tunesien. Ihr Vater, ein Architekt, sollte auf der Insel Djerba ein paar Häuser bauen, und die Familie zog mit. Für Marie begann damit ein Nomadenleben, das sie auch jetzt noch führt. Erst Djerba, dann Tunis, dann wieder Frankreich, dann erneut Tunesien. Turbulente Jahre machten aus dem Kind eine rastlose Frau, eine Künstlerin, eine Malerin, die sich heute als Weltenbürgerin sieht. Und weil ihre Tochter auf einer Insel im Indischen Ozean gezeugt wurde, trägt sie den ungewöhnlichen Namen Oceane. Ein Name wie eine Verheißung, denn als Oceane erwacht, ziehen Gewitterwolken auf, ein böiger Wind bläst plötzlich aus Nord-

nordost, und aus dem sanften Kräuseln des vor sich hin träumenden Meeres werden stürmische Wellen, die über dem Mutterschiff zusammenschlagen: Oceane hat Hunger, Durst und die schlechteste aller Launen. Die Siebenjährige unterstreicht eindrucksvoll, dass sie eine unglaublich starke Persönlichkeit ist. Doch so schnell der Sturm einsetzte, so rasch klart der Himmel wieder auf. Mit uns durch die Medina ziehen? Fotomodell spielen? Oh ja, das macht Spaß. Oceane hat keinen Hunger mehr, keinen Durst, und schlechte Laune hat sie sowieso ganz selten. Von allen Meeren dieser Welt ist Oceane zweifelsfrei das schönste, aber ganz sicher auch das unberechenbarste aller Gewässer.

Das unstete Leben der Mutter macht auch aus der Tochter ein Nomadenkind. Oceane hat schon in der Karibik, in Portugal, in Spanien und in der Schweiz gelebt. Ihr Mutterland ist Frankreich, wo die Großeltern wohnen und wo sie in der Nähe von

Versailles geboren wurde. Ihr Vaterland, das ist Österreich, denn dort ist Daddy zu Hause. Erst einmal in ihrem Leben hat sie ihn gesehen, und obwohl er kein Französisch spricht, haben sie sich doch verstanden. Oceane konnte ja nichts dafür, dass für ihre Eltern der graue Alltag eines Morgens nicht mehr das strahlende Blau des Indischen Ozeans hatte und dass Mama und Papa im Meer der aufgepeitschten Gefühle zu ertrinken drohten und sich jeder auf seine eigene Insel retten musste. Heuer, am Jahresende, wird sie ihn zum zweiten Mal sehen, und es wird ihr schönstes Weihnachtsgeschenk werden. Da mag die Welt noch so groß sein, die Liebe eines Kindes zu Vater und Mutter ist größer.

Oceane mag aber auch Aref, den neuen Partner ihrer Mutter. Wie sie ihm um den Hals fällt, wenn er nach Hause kommt, das bedarf keiner Erklärung. Er passt zu ihnen, er ist der dritte Nomade im Bunde, auch für ihn ist das Leben eine Wanderbühne. Mal die Vereinigten Staaten von Amerika, mal seine Heimat Tunesien, mal Frankreich, Aref gibt sich multikulturell und spricht Englisch so gut wie Arabisch und Französisch. Eines ist sicher: Solange die Kunst alle drei ernährt, werden sie Lebenskünstler bleiben.

Sind nicht auch wir Weltenbürger? Gestern noch Afrika, heute Asien. Mit Thai Airways fliegen wir nach Bangkok, dann geht es wieder mit dem Landrover weiter. Wir wollen in den Norden Thailands, in die Gegend von Chiang Mai. Dieses Gebiet war bis Anfang des Jahrhunderts vom Rest Siams abgeschnitten, nur Elefantenpfade führten dorthin, und die Reisenden mussten sich wochenlang durch den Dschungel quälen. Als wir nach drei Tagen Fahrt in dem Dorf Mae Pong in der Nähe von Lampang eintreffen, stellen wir fest, dass Zeit hier noch immer einen anderen Wert hat. Was die Begegnung mit einem dreizehnjährigen Jungen unterstreicht, den es unserem Kalender nach noch gar nicht geben kann: er ist am 9. November des Jahres 2528 geboren ■ ■ ■

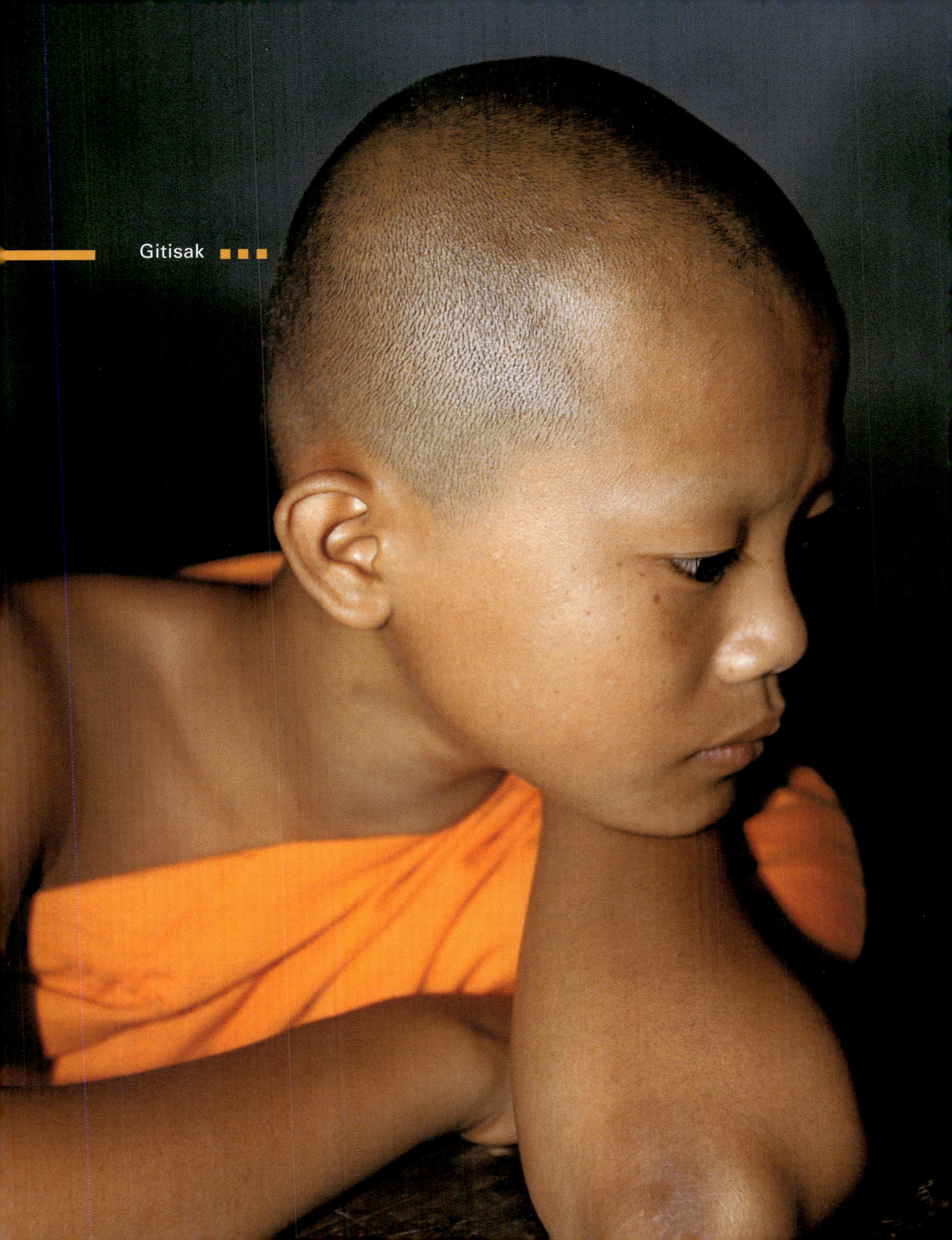
Gitisak

Der Sohn Buddhas

Gitisak In-Jai-Dee ist ein schüchterner, schmaler Junge von dreizehn Jahren. Er fällt uns auf, weil er teilnahmslos auf seinem Stuhl sitzen bleibt, während um ihn herum die Klasse tobt: Zwei Männer aus Deutschland, die Fotos in einer buddhistischen Klosterschule machen wollen, so etwas haben die Kinder noch nicht erlebt. Da wird gefeixt und gelacht, geschoben und geboxt, der Spaß ist groß. Nur dieser kleine Gitisak verzieht keine Miene. Er scheint sich als Einziger seiner Würde bewusst zu sein: Er ist Novize in einem Wat, einem buddhistischen Tempel. Sein Haupt ist kahl geschoren, und er trägt die orangefarbene Robe der Mönche.

Gitisak lebt im Wat Mae Pong, einem heruntergekommenen Tempel am Ende der pfützendurchtränkten Dorfstraße von Mae Pong. Rund zwanzig Fahrminuten sind es von der Klosterschule hierher. Jetzt im September, in der Regenzeit, sieht alles noch ein wenig trister aus, und der Monsun hockt als dicke, dampfende Wolke auf den Feldern. Über 30 000 Tempel gibt es in ganz Thailand, viele sind von einer ehrfurchtsvollen Größe. Nur ein paar Stunden sind es zum Beispiel zum Wat Phra That Doi Suthep, dem bedeutendsten Tempel der Stadt Chiang Mai. Sein glockenförmiger Turm ist vergoldet, wie auch die vier riesigen Schirme, die ihn begrenzen und symbolisch beschützen.

Der Tempel in Mae Pong, hinter den ärmlichen, auf Pfählen gebauten Holzbauernhäusern, hat nichts von seiner unvergleichlichen Schönheit, nichts von dieser Kostbarkeit. Hier gibt es keinen Chedi, wo Reliquien des Buddha aufbewahrt

werden, hier gibt es nur ein Bot, ein schlichtes Gebäude mit einem Altar. Was hier glänzt, ist billige Goldfarbe, und selbst die blättert an vielen Stellen ab. Der siebzigjährige Mönch Phar-ra und seine beiden Novizen, Gitisak und sein Freund Anurak, üben sich hier in Bescheidenheit. Wie alle Mönche Thailands besitzen sie nichts und sind darauf angewiesen, dass ihnen die Bewohner des Dorfes etwas Geld und Lebensmittel zustecken. Im ganzen Land ziehen die Mönche frühmorgens mit einem schwarzen Krug durch die Straßen, und die Gläubigen füllen ihn mit Speisen. Niemand in Thailand würde dies als Bettelei ansehen, im Gegenteil: Man ist den Mönchen dankbar, dass man die Gelegenheit bekommt, eine gute Tat zu begehen. Der Buddhist glaubt an die Wiedergeburt. Und das Schicksal, das er in seinem zweiten Leben zu erfüllen hat, wird bestimmt von seinem jetzigen Handeln. Gute Taten fördern ein gutes Schicksal, schlechte ein böses. Das Endziel des Buddhismus ist das Nirvana, das Auslöschen aller Wurzeln des Leidens. Doch bei Gitisak war es weniger der Glaube, es war die blanke Not, die ihn zum Novizen machte.

Mit zwölf Jahren ging Gitisak den knappen Kilometer von seinem Elternhaus hinunter ins Kloster. Es wurde der längste Weg seines Lebens, jeder Schritt schmerzte, der den Abstand zur Mutter, zum Vater und zu den Geschwistern vergrößerte. Doch Gitisak wollte unbedingt auf eine weiterführende Schule. Das konnte er nur, indem er weiterging. Vier Monate in einer öffentlichen Schule kosten nämlich 5000 Bath, das sind rund 115 Euro. So viel Geld kann seine Familie nicht aufbringen, die nur von dem lebt, was die kleine Landwirtschaft abwirft. Bei den Mönchen muss Gitisak nichts bezahlen. Aber all das gibt es nur unter einer Bedingung – man muss als Novize in einem Tempel dienen. So kam es, dass Gitisak nun einen neuen, fast doppelt so alten Vater hat. Seinen richtigen sieht er nur mehr einmal in der

Woche. Am Samstagnachmittag kann er zehn Minuten lang seine Eltern besuchen, mehr Zeit lässt ihm das strenge Klosterleben nicht.

Der Tag beginnt bereits morgens um fünf Uhr, der Tempel muss von den Spuren der Nacht gereinigt werden. Anschließend lernt Gitisak für die Schule. Um sieben Uhr gibt es etwas zu essen, meist Reis und Gemüse. Um halb acht Uhr müssen Anurak und Gitisak hinunterlaufen zur Hauptstraße, um den Bus nicht zu versäumen, der die beiden in die Klosterschule bringt. Von 8 bis 15.30 Uhr ist Unterricht, anschließend geht es in den Tempel Mae Pong zurück. Nachdem der Hof gekehrt ist, wird ein Gebet gesprochen, dann ist eine halbe Stunde Zeit, um sich selbst einer gründlichen Reinigung zu unterziehen. Anschließend wird wieder gebetet und in einem religiösen Buch gelesen. Um 18 Uhr gibt es für die beiden Novizen ein bescheidenes Abendessen. Dem Mönch selbst ist es nicht erlaubt, sich nach 12 Uhr noch zu stärken, er darf nur mehr Wasser trinken. Nach dem Abwasch wird von 19 bis 19.30 Uhr wieder gebetet, und dann können die Novizen bis zur Bettruhe um 20 Uhr wählen: Entweder sie sehen mit einem uralten Schwarzweiß-Gerät fern oder sie spielen Dame auf dem steinernen Schachbrett im Garten, das ein Gönner dem Kloster geschenkt hat. Figuren haben sie keine, nur Kieselsteine. Sich mit den anderen Kindern des Dorfes zu treffen ist den Novizen verboten.

Es ist ein hartes, ein bitteres Leben, doch Gitisak sagt: „Hier im Tempel gefällt es mir, hier habe ich alles, was ich brauche." Sechs Jahre will Gitisak noch im Kloster bleiben, „bis ich geistig und körperlich ein Mann bin". Doch dann will er nach Chiang Mai gehen, arbeiten und viel, viel Geld verdienen. Er wisse zwar noch nicht, in welchem Beruf, „aber eines", sagt Gitisak, „eines weiß ich ganz genau: Meine Eltern sollen ein neues Haus

bekommen. Und ein Auto. Und ich kaufe mir einen Walkman."

Oh ja, ein wenig sehnt sich auch unser kleiner Mönch nach dem Leben, das einst Siddharta Gautama führte. Der war im heutigen Nordindien in einer fürstlichen Familie zur Welt gekommen und hatte in einem Palast, abgeschirmt von dem Elend der Welt, ein Dasein in Saus und Braus geführt. Bis sich Siddharta aus Langeweile entschloss, einmal die Welt außerhalb seines goldenen Reiches zu erkunden. Doch wie grauenvoll, wie grässlich war die: Wohin er blickte, sah er nur Krankheit, Alter und Tod. Da entschloss sich Siddharta, einen Weg zu suchen, der die Menschheit aus der ewigen Kette des Leidens führen könnte. Heimlich verließ er seine Frau und den gerade erst geborenen Sohn und verbrachte viele Jahre als wandernder Asket. Bei einer Meditation unter einem Baum wurde ihm schließlich die Erleuchtung zuteil. Er entdeckte die vier edlen Wahrheiten und den achtfachen Pfad, dessen Begehung die Erlösung bringen soll. Aus Siddharta wurde Buddha, der Erleuchtete. Über 543 Jahre vor Christus war das, deshalb beginnt der buddhistische Kalender früher. Damit ist auch das Rätsel gelöst, warum Gitisak nicht am 9. November 1985, sondern am 9. November des Jahres 2528 geboren wurde.

Als wir uns von Gitisak mit vor der Brust gefalteten Händen verabschieden, denken wir: Für ein Kind reicht manchmal die Begehung auch nur eines Pfades, um in eine bessere Welt zu gelangen. Für den dreizehnjährigen Gitisak, da sind wir uns sicher, war es der Weg zu Phar-ra, dem Mönch am Ende der Dorfstraße.

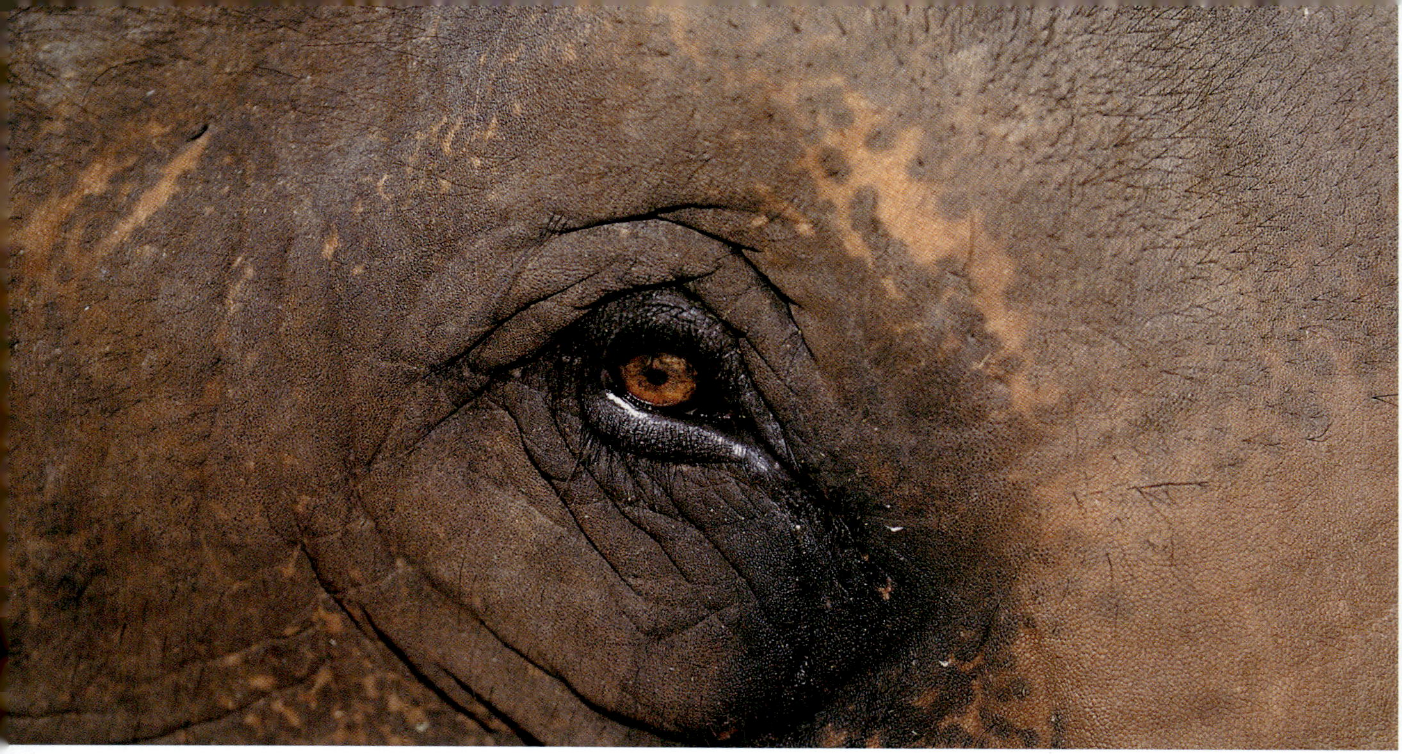

Vom Nirvana in die Hölle – in ein paar Tagen ist das leicht zu schaffen. Wir fahren wieder zurück nach Bangkok, und von dort aus sind es nur noch ein paar Stunden bis Pattaya am Golf von Siam, der Weltmetropole des Lasters. Ein widerlich-liederlicher, lebens- und liebestötender, schweißtreibender Alptraum, dem auch Palmen und Meer kein unschuldiges Alibi verschaffen können. Doch selbst hier, in der kreischenden Dauernacht menschlicher Abgründe, gibt es Unschuld, denn es gibt Kinder. Außergewöhnliche Kinder. Kinder wie Prad ■ ■ ■

Prad

Der Elefanten-Boy

Am Geisterhäuschen, das aussieht wie ein kleiner Tempel, kommen wir nicht vorbei. Der zwölfjährige Prad hat den unsichtbaren Bewohnern etwas zu essen gebracht: Eine Hand voll Reis und zwei hart gekochte, in Bananenblätter eingewickelte Eier. Der Zwölfjährige weiß, was er den Geistern schuldig ist, schließlich beschützen sie ihn, sein Dorf und seine Elefanten. So ist das nun einmal in Thailand: Wer die Natur in Besitz nimmt, muss den Geistern, die dadurch von ihrem Grund und Boden vertrieben werden, einen neuen Lebensraum schaffen, eine Wohnstatt, in die sie einziehen können, geschmückt mit Opfergaben, magischen Figuren und Blumen. Der Zeitpunkt, wann ein Geisterhäuschen errichtet wird, ist von solcher Bedeutung, dass viele ihn sogar astrologisch berechnen lassen. Und noch eines ist ganz wichtig: Die Einweihung sollte auf alle Fälle vor elf Uhr morgens sein, damit die Geister anschließend in aller Ruhe zu Mittag essen können – und die Thais ebenfalls.

So war das auch, als „Elephant Village" gegründet wurde, das Elefantendorf am Golf von Siam vor den Toren Pattayas. Und weil der heute sechsundfünfzigjährige Phairat Chaiyakham damals alles richtig machte, sind die Geister seinem jüngsten Sohn Prad vom Tag seiner Geburt an wohlgesinnt. Prad wuchs ohne schlimmere Krankheiten zu einem stattlichen jungen Mann heran, kräftig in den Armen und stark im Geist. In einer der besten Schulen des Landes zählt er zu den Besten. Zudem ist er ein begnadeter Tänzer, und die Trommel versteht er schon fast so klangvoll zu schlagen wie einst die tapferen Krieger des gewaltigen Königreiches Sukhothai.

Vielleicht sind die Geister Prad aber auch nur deshalb so wohlgesinnt, weil sie Respekt vor seinen mächtigen Beschützern haben, den Elefanten. Und wer wie Prad die Sprache der Dickhäuter spricht, der ist ein Auserkorener im Heer der Ehrfürchtigen.

Überall in Asien wird der Elefant bewundert, werden seine Sanftmut, Ausdauer und Intelligenz gerühmt. Der Elefant bringt Glück, und einem alten Brauch zufolge haben werdende Mütter eine problemlosere Geburt, wenn sie irgendwann während der Schwangerschaft unter dem Bauch eines Elefanten hindurchgeschlüpft sind. Der Elefant ist das Symbol Thailands, er ist das Wappentier des Königs, und bis 1917 zeigte die Flagge Siams einen weißen Elefanten auf rotem Grund. Bis auf den heutigen Tag haben die weißen Elefanten einen besonderen Status, und wo immer im Land ein solcher gefangen wird, ist er Eigentum des Königs. Fünfzehn dieser majestätischen Tiere, so heißt es, bewachen derzeit seinen Palast in Bangkok.

Die große Verehrung der weißen Elefanten geht auf eine Legende zurück, die sich um Buddhas Geburt rankt. In einem Traum soll Königin Maya erlebt haben, wie sie mitsamt ihrem Bett von vier Königen hinauf in die schneeweißen Berge des Himalaya getragen wurde. Die vier Frauen der Könige badeten sie, um alle irdische Unreinheit von ihr zu waschen, bekränzten sie mit Blumen, salbten ihre Haut mit kostbaren Ölen und bereiteten ihr ein himmlisches Bett. Als die Königin eingeschlafen war, erschien ein weißer Elefant, der im Rüssel eine zierliche Lotusblume trug. Der Elefant näherte sich unter lautem Trompeten, umschritt dreimal das Bett der Königin, versetzte der rechten Körperseite Mayas einen leichten Hieb und verschwand dann in ihrem Bauch. Als die Königin ihren Traum erzählte, sah man darin ein gutes Omen: Sie würde einen Buddha, einen

Erleuchteten, zur Welt bringen, der die Menschheit vom Schleier des Unwissens befreie.

Natürlich kennt Prad alle Erzählungen, die sich um die vergötterten Kolosse ranken. Er weiß aber auch, dass heute keinem Elefanten mehr das Futter auf goldenen Tellern serviert wird, nicht einmal mehr den weißen. Den Dickhäutern in Thailand geht es schlecht, sie drohen auszusterben. Gab es vor knapp einhundert Jahren noch weit über 100 000 Arbeitselefanten, so werden heute nur mehr rund 4000 gezählt. Ebenso viele Tiere sollen noch in freier Wildbahn leben. Doch schon in fünfzig Jahren, so fürchtet Phairat Chaiyakham, ist der Elefant in Thailand nur noch Geschichte. Und dann erzählt man sich vielleicht eine neue Legende. Wie die von Prad, dem Retter der grauen Riesen.

Mit zwei Jahren wurde Prad zum ersten Mal auf einen Elefanten gehoben. Jetzt, mit zwölf, kehrt er in der untergehenden Sonne stolz von einem Dschungelritt zurück. Seiner Spur folgen, wie auf einer Perlenschnur aufgereiht, zehn Dickhäuter. Die Elefanten tragen auf zweisitzigen Eisenbänken Touristen, zu deren Urlaubsabenteuern es gehört, sich einmal von einem grauen Riesen durch den Busch schaukeln zu lassen. Wenn er keine Schule hat, ist Prad beim Trekking und der täglichen Elefanten-Show immer dabei. Er verbringt jede freie Sekunde mit den Tieren, und in besserem Englisch, als es die meisten Urlauber beherrschen, erklärt er ihnen, was einen Elefanten so alles ausmacht: 40 000 Muskeln hat allein der Rüssel, 273 Knochen der tonnenschwere Körper, sechsmal wachsen ihm neue Zähne nach, die ganz flach sind und mit denen er seine Nahrung zermalmt: Bananen, Zuckerrohr, Gras, Kokuspalmen und Gewürze. Ein Elefant säuft hundert Liter Wasser täglich, schläft nur drei Stunden und kann bis zu hundert Jahre alt werden. Was freilich selten ist, im Durchschnitt neigt sich das

Leben eines thailändischen Elefanten bereits nach sechzig Jahren dem Ende entgegen.

Ob es denn stimme, dass die Elefanten so ein gutes Gedächtnis haben, wollen wir von Prad wissen. Nun ja, sagt der Zwölfjährige, ein Elefant habe den Verstand eines sechsjährigen Kindes, und wenn er so zurückdenke, sei er mit sechs eigentlich ganz schön schlau gewesen. Und ein Elefant sei treu, niemals würde er den Menschen vergessen, der für ihn sorge. Prad nimmt seinen kleinen Affen auf den Schoß, krault ihm liebevoll das Fell, und dann erzählt er uns zum Beweis diese Geschichte: Oben im Norden Thailands, wo sein Vater noch sechzig weitere Elefanten beschütze, habe ein alter Wildhüter mit seinem Dickhäuter gelebt, abgeschieden in den Bergen an der burmesischen Grenze. Einmal in der Woche ritt er auf ihm hinunter in das Dorf, um sich bei seinen Verwandten Lebensmittel, Kerzen und Holz für das Feuer zu holen, denn er war schon zu gebrechlich, um sich im Dschungel danach zu bücken. Doch eines Tages kam der Elefant alleine unten an, wiegte sichtlich ungeduldig den mit langen Stoßzähnen bewaffneten Kopf und trompete unaufhörlich. Da wussten die Dorfbewohner, dass etwas passiert sein musste, und sie machten sich auf den beschwerlichen Weg hinauf in die Berge. Als sie in der bescheidenen Hütte des alten Mannes eintrafen, war es schon zu spät, der Wildhüter war gestorben. Als sie den Toten ins Dorf hinuntertrugen, folgte der Elefant dem Trauerzug eine Weile, blieb dann aber stehen und war nicht mehr zu bewegen, auch nur einen Schritt weiterzugehen. Doch als am nächsten Morgen der Leichnam zu Grabe getragen wurde, stand der Elefant plötzlich auf dem Friedhof und nahm, das Haupt gesenkt, von seinem Menschenfreund Abschied. Sieben Tage später wurde der graue Riese tot vor der Hütte des alten Mannes gefunden: Er hatte den Verlust seines Beschützers nicht verwunden. Der

Wildhüter war siebenundneunzig Jahre alt geworden, sein Elefant hundertvier.

Prad hat Tränen in den Augen. Ob ihm seine zweiundzwanzig Freunde in „Elephant Village" auch so die Treue halten werden? Er jedenfalls ist fest entschlossen fortzusetzen, was der Vater seines Vaters vor achtzig Jahren begonnen hat: die letzten Elefanten Thailands zu retten. Doch er weiß, dass dies nur geht, wenn die Tiere mithelfen. Wenn sie Touristen spazieren führen, in der Nachmittagsvorstellung Bäume schleppen oder zeigen, wie man auch ohne Leiter zwischen ihren Ohren zu sitzen kommt. Eines bleibt Prads Elefanten jedoch erspart: Sie müssen keine Männchen machen, nicht so tun, als könnten sie Fußball spielen, oder in einem lächerlichen Bastrock tanzen. Prad wird nie vergessen, was sein Vater ihn gelehrt hat: „Es gibt nicht nur die Würde des Menschen, es gibt auch die Würde der Tiere."

Nachdem wir mit Prad Freundschaft geschlossen hatten, hätten wir eigentlich auf einem seiner Dickhäuter weiterziehen sollen, denn wir wussten: Niemand darf mit dem eigenen Fahrzeug durch Indonesien reisen. Also blieb uns nur der Jumbo der Lüfte, um schnell in die Hauptstadt Jakarta zu kommen. Dort suchten wir uns wieder ein Auto, diesmal mit Fahrer. Wir fanden einen zwanzig Jahre alten Landrover und Rully, eine fünfzigjährige Seele von Mensch, der uns in Wort und Wesen eine bequeme Reise durch Java und Bali versprach. Was sich freilich als Irrtum erweisen sollte, denn am Steuer wurde der ruhige Rully zum Vulkan. Er fuhr nicht, er raste, und die Menschenjagd mit Hupe und Gaspedal war erst zu Ende, als wir uns entschlossen, Kampung Naga zu besuchen. Zum Glück nämlich kommt man in dieses Bauerndorf bis auf den heutigen Tag nur zu Fuß ■ ■ ■

Mirna

Die Stufen der Hoffnung

Indonesien, diese ferne Welt aus 17 508 Inseln, die wie Sommersprossen im Indischen Ozean liegen, ist ein unergründlicher Quell des Lebens, eine verwirrende Mischung aus Göttern und Geistern, aus Mensch und Tier. Man feiert die Geburtstage von Mohammed, Buddha und Christus, an den Küsten wird die Herrscherin der Meere mit Blumen beglückt, an den Kratern der Vulkane der Feuergott mit Weihrauch besänftigt, und der Dschungel wird als Reich von Hunderten überirdischer Wesen betrachtet, von Feen und Gespenstern. Wer sie stört, für den wird das grüne Paradies zur Hölle, in der im glitschigen, dampfenden Dickicht der giftige Hundertfüßler, der würgende Python oder der blutrünstige Waran lauern. Indonesien, hier sind Schönheit und Schrecken, Freude und Angst, Liebe und Verachtung, Toleranz und Starrsinn, Ehrlichkeit und Korruption zu einem unentwirrbaren Knäuel verknüpft, und im Schmelztiegel der Nationen blubbern Moderne und Tradition als bedrohlich glühende Lava. Die dreihundert verschiedenen Völker sprechen in 250 unterschiedlichen Sprachen. Der Student in Jakarta und der Steinzeitmensch in Irian Jaya haben nur eines gemein – sie sind Indonesier. Über zweihundert Millionen Bürger zählt das ganze Inselreich, gut die Hälfte davon lebt auf Java. Das lang gezogene Archipel gleicht einem wuselnden Ameisenhaufen, mit Jakarta als der außer Rand und Band geratenen Hauptstadt des Handels und der Hektik.

Nur 450 Kilometer entfernt, unweit des ebenfalls geschäftigen Tasikmalaya, erleben wir eine neue Welt, lernen wir das zweite, das stille, das bescheidene, das ärmere Gesicht Indonesiens kennen. Auf einer Höhe von über 2000 Metern haben wir das Auto und den rasenden Pulsschlag unseres Fahrers zurückgelassen und uns auf den

Weg nach Kampung Naga gemacht. Wer in das in einem Talkessel gelegene Bergbauerndorf will, muss erst 360 Stufen hinabsteigen, vorbei an Reisterrassen, Palmen und Bambus. Der Dschungel lehnt sich über die Hänge, und tief unten hat sich der Fluss Culan ein breites Bett gerichtet, durch das er sich braunbrühig wälzt. Dort unten wohnt der elfjährige Mirna Bin Uhri. Zu ihm wollen wir.

108 palmenblattgedeckte Holzhäuser gibt es in Kampung Naga. Ganz am Ende des Dorfes, in einer schmalen, lehmigen Gasse, steht das Haus von Pak Djudad Bin Uhri. Der Sechzigjährige hat einen Blick, der sein hartes Leben nicht wegzulächeln vermag. Sichtlich verlegen bittet er uns in sein Haus. Er hatte noch nie Besuch aus Europa – obwohl Fremde in dem malerischen Dorf keine Seltenheit sind, seit 1985 die vermeintliche Idylle für den Tourismus entdeckt wurde. In unserem 844 Seiten starken Reisebuch ist Kampung Naga mit drei Zeilen erwähnt: „Das Bauerndorf Kampung Naga mit 600 Einwohnern lohnt einen kurzen Abstecher, da es sich seit vier Jahrhunderten eine sehr einfache und von einzigartigen Traditionen geprägte Lebensweise erhalten hat." Uns zog es aber nicht deshalb hierher. Wir kamen, weil der Freund eines Freundes unseres Fahrers Rully bei einem Mittagessen in der Stadt Bandung so von dem elfjährigen Mirna geschwärmt hatte. Dieser Mirna Bin Uhri, so sagte der Freund des Freundes, werde Karriere machen. Ihn sollten wir besuchen und über die „Stufen der Hoffnung" schreiben.

Wir ziehen also die Schuhe aus, setzen uns ins Wohnzimmer auf den Bastteppich, und Rully, unser Fahrer, legt sich für uns ins Zeug. Er erzählt, dass wir nicht mit den Touristen zu vergleichen seien, die tagtäglich für immer gleiche zehn Minuten schwitzend durch das Dorf hecheln und in hochnäsiger Gelassenheit das schlichte Leben der Eingeborenen bestaunen. Er sagt zu Pak, dem Hausherrn, dass wir wegen seines Sohnes Mirna

gekommen seien, von dem wir schon so viel Gutes gehört hätten. Die Augen des Vater beginnen stolz zu glänzen, er serviert Bananen, Reisplätzchen und Tee. Doch bevor er uns seinen Sohn präsentiert, macht er uns erst noch auf den einzigen Luxus in seinem Hause aufmerksam: Es ist ein von einer Autobatterie gespeistes Radio. Er gibt uns zu verstehen, dass er damit nur einmal am Tag die Nachrichten höre. Sonst gehe die Batterie zu schnell zu Ende, und aufladen könne man sie nur in Tasikmalaya. Das sei nicht nur weit weg, das sei auch teuer. Nachdem wir ausgiebig das Radio bestaunt haben, dürfen wir Mirna, seinen Sohn, bewundern. Der Elfjährige hat die bescheidene Schüchternheit seines Vaters, und es ist ihm peinlich, dass sich bereits das halbe Dorf in der schmalen Lehmgasse versammelt hat, um Zeuge zu sein, wenn ein Film über Mirna gedreht wird. So ist das eben, wenn Lauffeuer sich verbreiten: Aus ein paar Fotos wird gleich eine Großproduktion in Cinemascope.

Mirna setzt sich zu uns. Während wir von den Reisplätzchen naschen und am Teeglas nippen, legt sich seine Zurückhaltung, und er beginnt, uns von seinem noch jungen Leben und von den Stufen der Hoffnung zu erzählen. Sechs Tage in der Woche zieht er um sieben Uhr seine Schuluniform an, das weiße Hemd und die rote Hose, weiß-rot wie die Flagge Indonesiens, schultert seine Bücher und macht sich auf den Weg ins Nachbardorf, wo es eine Schule gibt. 360 Stufen klettert er jeden Tag hinauf, und die Treppen sind für ihn wie eine Leiter des Erfolgs, die es zu erklimmen gilt. Mirna hat den Ehrgeiz, eines Tages dort oben bleiben zu können, nicht mehr in das Dorf zurückzumüssen, das den 105 Familien Heimat, aber nicht Hoffnung ist. Es gibt keine Elektrizität, kein fließendes Wasser, waschen kann man sich nur in einem winzigen Bambushäuschen, das als öffentliche Badeanstalt über dem Dorfweiher errichtet wurde. Und alle können zusehen, wer wann auf die Toilette geht.

Wenn nach zwölf Stunden Sonnenschein die Nacht wie ein Wegelagerer über das Dorf herfällt und den Bewohnern das Licht raubt, erlischt jegliche Aktivität. Das Petroleum für die Öllampen ist zu teuer, als dass man es unnötig verschwenden würde. Die Stufen hinauf zur Schule sind für Mirna der Leuchtpfad aus der Dunkelheit ans Licht. Er will ein Doktor für Tiere werden, und der Elfjährige weiß: Das schafft er nur, indem er sich bildet. Lesen und Mathematik sind seine Lieblingsfächer, und die Schultasche ist sein einziger echter Besitz. Mirna hat kein Fahrrad, keinen Fußball, kein Spielzeug, er hat nur zwei Hosen, drei Hemden, die Schuluniform, seine Bücher und vier Gänse. Vater Pak hat den lebenden Familienschatz unter seinen Kindern aufgeteilt: Der achtzehnjährigen Dede gehören die sieben Hühner, der zwanzigjährigen Eti die drei Ziegen und Mirna eben die Gänse. Und Mama Één und Papa Pak haben das einen halben Hektar große Reisfeld, das die Familie hauptsächlich ernährt, unter sich aufgeteilt. Asum, dem mit fünfundzwanzig Jahren ältesten Sohn, gehört nichts mehr. Er ist schon weggezogen und arbeitet als Busfahrer in Garut.

Auch Eti wird das Dorf bald verlassen. In drei Wochen heiratet sie. Zwei Millionen Rupies wird Pak die Hochzeit seiner Tochter kosten, das sind rund 1000 Euro. So viel Geld hat der Reisbauer nicht, er wird es sich von den Nachbarn borgen müssen, und er wird auf die dreihundert Gäste vertrauen, die eingeladen sind. Sie alle werden ein paar Scheine mitbringen für den Brautvater, das ist so Tradition. Was dann noch an Schulden bleibt, wird Pak mit Reis zurückzahlen. Er wird sich auch auf fremden Feldern verdingen müssen, bis das Eheglück seiner Tochter Reiskorn für Reiskorn aufgewogen ist. Wie gut, dass er nur zwei Mädchen hat.

Während die Töchter und ihre Mutter Holz ins offene Küchenfeuer schieben, um Gemüse und Reis für das Abendessen zu kochen, zeigt uns

174 Mirna sein Dorf und stellt uns seine Freunde vor. Wir spielen mit einer Gummikugel vor der Moschee Fußball, streifen am Fluss entlang und knien mit ihm im Reisfeld, in dem er nach der Schule seinen Eltern bei der schweren Feldarbeit helfen muss. Dann führt uns Mirna zu seinem Lieblingsplatz, einer Felsbank, versteckt zwischen wild wucherndem Farn. Von hier aus hat man den besten Blick auf den Weg, der sich vom Dorf hinauf zur Straße windet, wo das Leben um so vieles leichter erscheint. Wo man das Brennholz nicht selbst tragen und das Wasser nicht aus einem Brunnen schöpfen muss. Wo es Strom gibt und wo man auch nach Sonnenuntergang noch ein Buch lesen kann. Hier, auf seiner Felsbank, träumt Mirna von dem Tag, an dem er es geschafft hat, Tierarzt zu werden. Er wird in einem Auto sitzen, und die Leute werden respektvoll „Herr Doktor" zu ihm sagen. Und dann wird er wie ein überdrehtes Kind die Stufen hinunter in sein Dorf hopsen, um Papa und Mama in ihrem alten Holzhaus zu besuchen. Und er wird seinen Kindern von den Stufen der Hoffnung erzählen, die ihm nicht zu steil und zu beschwerlich waren.

Um Mirna ist uns nicht bange. Dieser kleine Teufelskerl wird es ganz bestimmt schaffen. Und Rully, unser Teufelsfahrer, wird uns schaffen. Die mörderische Tour durch Java geht weiter, nur gut, dass es neben der Straße eine atemberaubende Landschaft und nicht minder atemberaubende Bauten gibt. Das Vulkangebirge des Dieng-Plateaus, der Borobudur-Tempel, die Sultansstädte Yogyakarta und Solo – wir fragen uns, warum die meisten Indonesien-Urlauber nur von Bali schwärmen. Doch auch wir wollen auf diese angebliche Trauminsel, wollen nach Ubud, in das Zentrum der schönen Künste, wollen uns eine der weltberühmten Tanzvorführungen ansehen. Dabei entdecken wir die neunjährige Dewi, und wäre ihre Geschichte nicht wahr, man müsste sie glatt erfinden, so schön ist sie ...

Dewi

Das Enkelkind des Königs

Kind sein auf Bali! Wer wie ein Hindu an die Wiedergeburt glaubt, sollte sich wünschen, dass ihm die Götter dieses Geschenk machen. Wir waren an keinem Ort der Welt, wo den Kindern solch großer Respekt, solche Ehrfurcht und Liebe zuteil wird wie auf der tropischen Insel Bali. Die Balinesen glauben, dass mit den Nachkommen die Seele der Vorfahren auf die Erde zurückkehrt. Bis ein Kind laufen kann, wird es getragen, denn der erhabene Gang unterscheidet den Mensch vom Tier. Und ein Mann ist erst dann ein Mann, wenn er es geschafft hat, Vater zu sein.

Cokorda Putra Dharmayudha ist ein Mann, seine acht Kinder liefern den glaubhaften Beweis. Der Vater des Zweiundsechzigjährigen hatte neun Kinder, der Vater seines Vaters sogar elf. Und der war nicht nur seiner Sprösslinge wegen so geachtet: Der Großvater von Cokorda Putra Dharmayudha war der letzte König von Ubud, er starb 1921 im ehrwürdigen Alter von fünfundneunzig Jahren.

Da stehen wir und bringen es zu zweit auf gerade mal ein Kind, nicht die besten Voraussetzungen, um sich die Sympathien einer so angesehenen balinesischen Familie zu erwerben. Doch Cokorda Putra Dharmayudha ist ein Mensch von Hier und Heute und bittet uns lachend über die Schwelle seines Zuhauses. Das mit den vielen Kindern, sagt er, das sei heute auf der kleinen Insel Bali so wie auf dem großen Kontinent Europa: je weniger, desto besser. Sein zweiunddreißigjähriger Sohn habe auch nur mehr zwei Töchter. Die viereinhalbjährige Ari und die neunjährige Dewi, wegen der wir gekommen sind. Und da in einer balinesischen Familie die Großeltern das

Sagen haben, müssen wir sie fragen, ob wir über Dewi schreiben dürfen. Wir dürfen.

Jeden Montag um halb acht abends findet im Palast von Ubud der Legong-Tanz statt. Nach der Überlieferung ist Legong der himmlische Tanz der göttlichen Nymphen, und wir sind mächtig gespannt auf das Spektakel. Rully, unser Fahrer, hat uns Plätze in der ersten Reihe gesichert. Der Vorhof des Palastes beginnt sich mit Einheimischen und Touristen zu füllen, Fackeln werden entzündet, die Mitglieder des Gamelan-Orchesters nehmen hinter den Trommeln und Xylophonen Platz. Es herrscht erwartungsvolle, fast ehrfürchtige Stille. Dann öffnet sich das goldene Tor des Palastes – und die Anspannung löst sich in schallendem Gelächter auf: Ein zerzauster, schwarz-braun-kunterbunt gesprenkelter Hund schreitet erhaben die Stufen zur Tanzfläche hinab, gähnt gelangweilt ins Publikum, legt seinen Kopf zwischen die Vorderpfoten und beschließt mit treuherzigem Blick den Tag. Die Kreatur gehört auf Bali zum Leben wie die Kunst. Niemand denkt daran, den vierbeinigen Vortänzer zu vertreiben.

Dann setzt die Musik ein, das Spiel kann beginnen. Erzählt wird eine Geschichte aus dem 12. Jahrhundert: Der König von Lasem findet im Wald das Mädchen Rangkesari, das sich verirrt hat. Er nimmt es mit und sperrt es ein. Rangkesaris Bruder, der Prinz von Daha, erfährt von ihrer Gefangenschaft und droht mit Krieg, wenn seiner Schwester die Freiheit nicht augenblicklich wiedergegeben wird. Auch die Prinzessin bittet den König, sie freizulassen, doch dieser entscheidet sich für den Kampf. Auf dem Weg zur Schlacht prophezeit ihm ein Vogel den Tod – ein Schicksal, das sich schließlich erfüllt. Wie die Balinesen diese Legende mit der Sprache ihres Körpers erzählen, dem Spiel der Finger, der Augen und der Hüften, wie sie sich dem Rhythmus der

Trommeln beugen, gepuscht vom Dröhnen der Messingbecken und dem schrillen Zirpen der Xylophone, das ist mehr als nur ein Tanz, mehr als nur ein Rausch der Sinne, das ist Magie.

Wir sitzen halb entflammt, halb entrückt auf unseren klapprigen Klappstühlen und haben uns beide wieder einmal in die gleiche Person verliebt: in die junge Prinzessin. Sie oder keine, sagen wir uns und forschen nach, wer die anmutige Tänzerin im wirklichen Leben ist. Man sagt uns, dass das Mädchen Cokorda Istri Dewi Primayanti heiße und dass sie die Ururenkelin des letzten Königs von Ubud sei. Ihr Familienclan lebe nur ein paar Minuten vom alten Palast entfernt. So also kamen wir zum Großvater, so kamen wir zu Dewi.

Bali ist die Insel der Götter, und hier gibt es mehr Tempel als Wohnhäuser. Dewis Zuhause sieht aus wie ein Tempel, wie der Palast, in dem sie am Abend zuvor getanzt hat. Doch es besteht kein Zweifel: Hier, zwischen noch Erde und noch nicht Himmel, hier wohnt sie. Zusammen mit Großvater, Großmutter, dem Vater, ihrer kleinen Schwester und ihrer Mutter, die ebenfalls eine begnadete Tänzerin ist. Alle auf einem Grundstück, aber unter getrennten Dächern. Und natürlich fehlt auch der Haustempel nicht, wo den Göttern und den bösen Geistern jeden Tag Opfergaben gebracht werden.

Der kleinen Dewi sind sie wohlgesinnt, doch mit den Mächten der Finsternis ist nicht zu spaßen. Die mondlosen Nächte gehören ihnen, dann liegen die Dorfstraßen schwarz und verlassen da, in den Wäldern huschen und wispern unheimliche Schatten, so dass nah und fern die Hunde klagend zu heulen beginnen. Hexen erschrecken im Körper seltsamer Fabeltiere harmlose Wanderer, und späte Heimkehrer berichten mit Grausen von gespenstischen Affen mit goldenen

Zähnen und von kopflosen Riesen. Für diese Erscheinungen sind die Leyaks verantwortlich. Das sind Hexen oder die Seelen von Menschen, die sich der schwarzen Magie verschrieben haben. Flüsternd erzählt man sich, dass die Leyaks wie die Vampire den Schlafenden das Blut aussaugen und es besonders auf Kinder abgesehen haben. Bedenkt man sie nicht mit Opfergaben, suchen sie die Menschen mit Krankheit oder gar dem Tod heim.

Großmutter sorgt dafür, dass ihren Kindern und Enkelkindern nichts zustößt. Der riesige Haustempel ist ihr umsorgtes Reich, und gleich daneben bereiten schon vier Frauen die Geschenke für den nächsten Tag vor, wickeln gekochten Reis in Bananenblätter, flechten Hibiskusblüten zu Kränzen. Die Geister sollen auch morgen keinen Grund zur Klage haben.

Dewis Familie kann sich Personal leisten, die Geschäfte im geräumigen Laden für Silberschmuck und Gemälde gehen gut. Zudem besitzt die Familie Land, baut Reis an und auch die Kokosnussernte verspricht in diesem Jahr wieder münzklingenden Gewinn. Ganz zweifelsfrei gehört Dewi nicht zu den ärmeren Kindern im Land. Was aber aus einem neunjährigen Mädchen zum Glück noch keinen anderen Menschen macht – und eines hat ihr die Tanzlehrerin ohnedies erklärt: Mit Geld in den Taschen lässt es sich schwerer tanzen.

Unsere Reise geht langsam zu Ende, wir betreten den fünften und letzten Kontinent dieser Erde, Australien. In Europa ist es jetzt November, hier, auf der anderen Seite der Weltkugel, verblüht der Frühling, und oben in Darwin beginnt die Regenzeit. In der Hauptstadt des „Northern Territory", die umgeben ist von feuchtheißen Urwäldern, gewaltigen Krokodilen und wilden Büffeln, starten wir in den einsamen Westen. Wir sitzen wieder selbst am Steuer, und nach dem indonesischen Verkehrschaos kommen wir uns vor wie auf einer Geisterbahn: Es ist gespenstisch schön – und menschenleer. So bleibt das auch, während wir das feuerrote Staubband von Broome hinauf zum Cape Leveque schleichen. In der Lombadina Mission haben wir uns mit Aborigines verabredet, den Ureinwohnern Australiens ▪ ▪ ▪

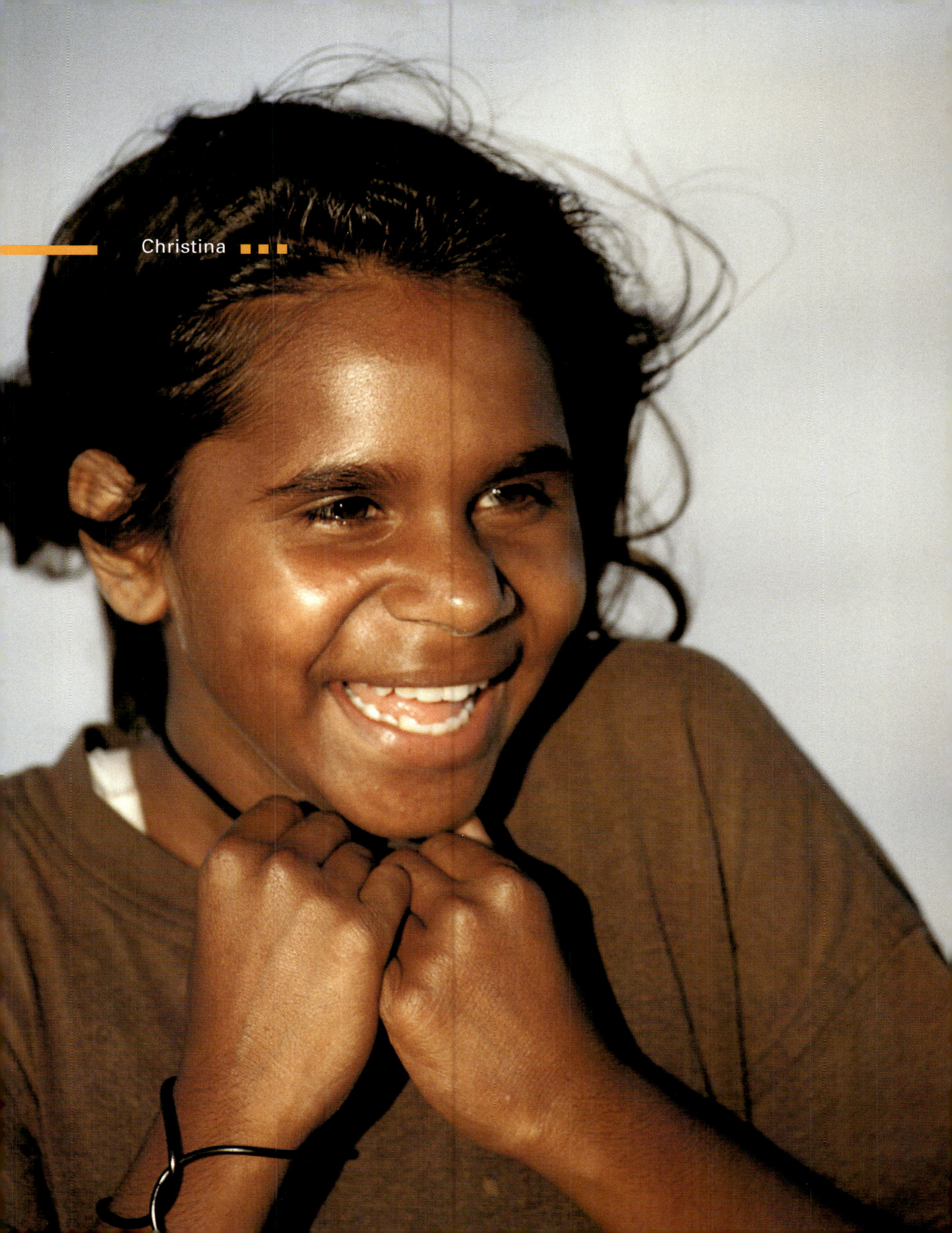
Christina

Das bedrohte Paradies

Es ist der 9. November, 16 Uhr, als im Büro der Aboriginal-Community in Lombadina, Western Australia, das Telefon klingelt. Aus dem zweihundert Kilometer entfernten Broome meldet sich die Polizei und warnt die Einwohner des Fischerdorfes am Indischen Ozean: Auf dem Meeresgrund zwischen Indonesien und Darwin habe es ein Erdbeben gegeben, und möglicherweise erreiche die Springflut in zwei Stunden Lombadina. Jane, Verwaltungsangestellte und Mädchen für alles in der ehemaligen Missionsstation im Dampierland, bleibt gelassen: „Weglaufen können wir jetzt nicht mehr, es wird schon gut gehen!" Und zu uns gewandt sagt sie lächelnd: „Die Aborigines haben Jahrtausende überlebt, daran wird jetzt auch eine Springflut nichts ändern."

Wildnis härtet ab. Hier oben, wo man sich erst stundenlang auf einer nervtötenden Waschbrettpiste durchrütteln lassen muss, ehe man der Zivilisation ein Stückchen näher kommt, verlieren Naturkatastrophen ihre Schrecken. Von Dezember bis März, wenn der Monsum einsetzt und das rote Land im stürmischen Regenmeer zu ertrinken droht, ist die Straße oft wochenlang unpassierbar, dann ist Lombadina von der Außenwelt abgeschnitten, Lebensmittel und Medikamente müssen eingeflogen werden. Aber mit Hilfe aus der Luft ist man im Land der Känguruhs ja vertraut – die „Flying Doctors" sind in Australien keine Fernsehserie, sondern Wirklichkeit.

Auch wir haben uns in den letzten Tagen an einiges gewöhnt: An die Heerscharen von Ameisen, die durch unseren Wohncontainer marschieren, für den wir immerhin 110 australische Dollar pro Nacht bezahlen. An die unzähligen Fliegen, die fingergroßen Schaben und an die Spinnen.Selbst

mit dem giftgrünen Frosch, der morgens, mittags und abends auf unserem Klodeckel sitzt und uns kalt anglubscht, selbst mit ihm haben wir uns auf tierische und menschliche Bedürfnisse verständigt. Doch mit einer Springflut, die uns fortzureißen droht, können wir uns nicht so einfach anfreunden. Ein Paradies kann täuschen, selbst im göttlichen Garten Eden gab es die Schlange.

Schneeweißer Sand, rote Felsen, ein tiefblaues Meer und das leuchtende Grün der Mangrovenbäume – auf den ersten Blick posiert diese Halbinsel als verführerisches Fleckchen Erde und verdreht dem Besucher den Kopf. Als wir an einem Sonntagnachmittag zum ersten Mal im Schritttempo durch das verlassen wirkende Lombadina fahren, schlägt die Fantasie Purzelbäume: Hier in eines der kleinen Häuser mit der sonnengeschützten Veranda ziehen, im Schaukelstuhl wippend mit den Papageien plaudern, sich von den Palmen kühlende Luft zufächern lassen und mit einer schokoladenbraunen Eva lustvoll den Apfel teilen – Teufel, Teufel, das wäre ein Leben. Doch weil wir in diesem Augenblick an der im Jahre 1934 gezimmerten Missionskirche vorbeirollen, in der sich gerade vier Aborigines auf die Bänke und fünf Hunde auf den Boden setzen, um an der heiligen Messe teilzunehmen, werden wir wieder gottesfürchtig und erhöhen die Zahl der gläubigen Zweibeiner auf sechs.

Wie wir später von dem neunundsechzigjährigen Fischer Patrick Sampi erfahren, kam 1870 der erste Missionar nach Lombadina. Es war Vater Nikolaus, ein Deutscher, der auch hier begraben wurde. Irgendwann in den 30er Jahren, so genau weiß Patrick das nicht mehr, ist er von Vater Augustin getauft worden. Er, der schwarze Heide, der irgendwo am Meer zwischen den Dünen geboren worden ist. Patrick ist stolz, ein Christ zu sein, und schwärmt von den alten Tagen und den deutschen Missionaren, die das Leben der Einge-

borenen geprägt hätten. Keinen Tabak und keinen Alkohol habe es zu seiner Zeit gegeben, und auch wenn sie gezwungen wurden, sich zum Essen an einen Tisch zu setzen, er habe eine glückliche Kindheit gehabt.

Viele vom Schlag eines Patrick gibt es in Lombadina nicht mehr. Doch der junge Pfarrer, der aus Birma kommt, geht mit seinen kirchenunwilligen Schäflein milde ins Gericht. „Am Wochenende seien alle beim Fischen", flunkert er, gesteht dann aber, dass sich stets mehr Hunde als Menschen in der Kirche versammeln würden. Tommy, der schwarze Mischlingsrüde zum Beispiel, komme bestimmt einmal in den Himmel: „Der fehlt bei keinem Gottesdienst." Bei den Menschen dagegen sei er sich mit der himmlischen Berufung nicht so sicher.

Die Schlange, das ist unübersehbar, war auch schon in diesem Paradies. Vor Jahren haben sich die Aborigines von Lombadina in zwei zerstrittene Lager gespalten. Links leben sechzig so genannte Fortschrittliche, die nicht mehr auf staatliche Unterstützung angewiesen sein wollen und zunehmend auf den Tourismus als Erwerbsquelle setzen (immerhin kamen 1997 schon 874 Fremde nach Lombadina), rechts haben sich die zweihundertfünfzig Traditionalisten niedergelassen, die ihre Unabhängigkeit hoch-, die Hand aber dennoch aufhalten. In der Mitte liegt das neutrale Kirchenland mit der Schule und dem Pfarrhaus. Die Traditionalisten nennen ihre Community Djarindjin und haben die fünfundfünfzigjährige Mary Anne Doyle zu ihrer Chefin gewählt. Mit ihr wollen wir uns am nächsten Morgen treffen. Sie hat uns von Christina, der elfjährigen Tochter ihres Cousins erzählt, die demnächst in Melbourne, am anderen Ende Australiens, in ein Internat für besonders begabte Kinder kommen soll. Es wird wieder ein heißer, schwüler Sonnenscheintag. Mary Ann Doyle stellt sich uns im

Rathaus von Djarindjin als ganz und gar uneitle Bürgermeisterin vor: viel Speck, wenig Zähne, viel Herz, wenig Worte. Ihren Cousin hat sie gleich mitgebracht: Reece Stumpagee, siebenunddreißig Jahre alt, arbeitet für sie in der Community, verdient 180 Dollar die Woche und sieht in Jeans und Basketballmütze aus wie ein langweiliger Jedermann. Reece begleitet uns die paar Schritte zu seinem Bungalow. Im Garten liegt allerlei Müll herum, die gläserne Terrassentüre ist zersplittert, und auch dem Wohnbereich könnte eine ordnende Hand nicht schaden, wofür aber keine frei ist: Mutter Joanne stillt die dreijährige Natasha, die sechsjährige Phillippa duscht sich gerade mit dem Gartenschlauch, die elfjährige Christina sitzt über Schularbeiten, und ihre dreizehnjährige Schwester verdient sich im Supermarkt ein paar Dollar Taschengeld. Bei Christina spüren wir Reeces ganzen Vaterstolz. Seine Tochter ist so begabt, dass sie von ihren Lehrern für ein Stipendium vorgeschlagen worden ist. Ein Mädchen aus dem vergessenen Dumpierland geht in einem Jahr in der Weltstadt Melbourne zur Schule. Die verfolgten, verspotteten, als Säufer verschrienen Aborigines, denen man erst 1962 das Wahlrecht zuerkannte, holen auf. Als Lehrerin will Christina auf ihre Halbinsel zurückkehren. Den weißen Missionaren des Glaubens folgen die dunkelhäutigen Missionare des Geistes.

Doch der Abschied aus Lombadina wird nicht leicht werden: Die engen Mauern einer Stadt statt grenzenloser Freiheit. Teer statt Sand. Lärm statt Stille. Neonlicht statt Sternschnuppen. Christina wird in Gedanken die Fische am Speer ihres Vaters zappeln sehen, wird sich erinnern, wie sie Austern, Krabben und Schildkröten nach Hause brachte, Bananen, Mangos und Kokosnüsse. Wie er sie lehrte, den Bumerang zu werfen, und wie er ihr von der langen Geschichte der Ahnen erzählte, die im Jahre 50 000 vor Christus von

Indonesien kommend diesen Teil der Erde besiedelten, als es zwischen Asien und Australien noch eine Landbrücke gab.

Es ist der 9. November, 18 Uhr. Wir sitzen mit Christina, ihrer älteren Schwester und ihrer besten Freundin feixend am Meer, in das den Himmel entflammend die Sonne taucht. Das Wasser ist so glatt wie ein gehobeltes Brett. Die gefährliche Springflut, sie hat sich irgendwo bei Darwin im Sand verlaufen ...

Unsere australische Reise geht weiter, durch Grasland, über dem die flimmernde Hitze steht und als Fata Morgana Wälder an den Horizont projiziert. Das graue Band des Great Northern Highway trennt mit seinen breiten, rotsandigen Feuerschutzstreifen den Busch in zwei menschenleere Hälften. Schon seit Stunden sind wir keinem Auto mehr begegnet. Wir wollen noch weiter in die Einsamkeit vordringen, wir wollen im Outback die neunjährigen Zwillinge Edmund und William besuchen, die auf einem Bauernhof leben, der so groß ist, dass ihr Vater ein Flugzeug braucht, um die Schafe zu fangen ■ ■ ■

William & Edmund

Die furchtlosen Zwillinge

Zwölf Monate nur blauer Himmel. In der schütteren Wiese, die wie ein hauchdünner Teppich die rote Erde rund ums Haus begrünt, verschwinden zischend die Wassertropfen des Rasensprengers. Es ist vierzig Grad heiß, einer der kühleren Novembertage in Western Australia. Im Januar und Februar klettert das Thermometer auf über fünfzig Grad, dann ist die Marrilla-Station, hundertsechzig Kilometer südöstlich von Exmouth, in der lähmenden Gewalt des Sommers. Und vom späten Vormittag bis in den frühen Abend hinein stellt sich das Leben tot. Auszeit im Outback.

Bereits jetzt schützt sich der rotblonde William mit einem breitkrempigen Hut, einer dicken Schicht Sonnencreme, langärmeligem Hemd und Handschuhen vor den sengenden Strahlen, doch noch bestimmt der Mensch und nicht die Natur den Tagesablauf. Es ist die Zeit der Schafschur, Hochbetrieb auf der Marrilla-Station,

deren Größe uns quadratmeterbeschränkte Europäer fassungslos macht. 710 000 Acres Land gehören Mark und Karen Forrester, das sind 287 000 Hektar. Wir denken an den kleinen Andreas im Sarntal in Südtirol, den ersten Freund auf unserer Weltreise. Sein Wieserhof umspannt bescheidene dreizehn Hektar, mit fünf Milchkühen und einem Kalb im Stall. Die Forresters haben 1800 Kühe. Und 30 000 Schafe teilen sich mit 10 000 wilden Känguruhs das stachelige Grün des schier unendlichen Farmlands. Wobei die Bezeichnung Farm nicht richtig ist, wie uns der sechsunddreißigjährige Mark später erklären wird. Auf einer Farm werde Ackerbau betrieben, auf einer Station nur Viehzucht.

Mit dem neunjährigen William und seinem fünfzehn Minuten älteren Bruder Edmund fahren wir in Daddys Truck auf die Weide, um geschorene Schafe freizulassen. In drei Etagen türmen sie sich auf dem Lastwagen, ein trächtiges Muttertier wird das Ende der einstündigen Reise nicht mehr erleben, was aber weder Mark noch seine Zwillinge sonderlich kümmert. Wer dem Stress nicht gewachsen ist, bleibt auf der Strecke. Ob Tier, ob Mensch, die Gesetze im Outback sind für alle gleich.

William und Edmund kennen jeden Handgriff, nach einer halben Stunde stolpern die letzten Schafe von der Ladefläche und verlieren sich blökend in der Weite. Bye-bye, bis nächstes Jahr. Dann wird Mark wieder seine einmotorige Cesna starten, im Tiefflug über das Buschland donnern und die Tiere in wilder Flucht vor sich hertreiben, mitten hinein in die Fangzäune. Fünf Helfer auf Motorrädern werden wie Schäferhunde verhindern, dass die Herde nach rechts oder links ausbricht. In ein paar Wochen bekommen auch die Zwillinge ihre eigenen Motorräder. Auf einer Station wird jeder gebraucht, selbst wenn er erst neun Jahre alt ist.

Auch das Autofahren lernen William und Edmund schon. Mutter Karen sagt, warum. Das nächste Hospital gebe es erst in Carnarvon, mit dem Geländewagen sei das in etwa dreieinhalb Stunden zu erreichen. Wenn Mark und ihr etwas zustoße, müssten die Zwillinge in der Lage sein, die Familie zu retten. Die fünfjährige Amy Kiara und der dreijährige Nicholas seien noch zu klein, um sich selbst zu helfen. Zwar gebe es wenig Gefahren, aber die seien dafür umso größer. Bis fast ans Haus heran sei vor einigen Jahren das Buschfeuer gekommen, und sie hätten befürchtet, alles zu verlieren. Auch gegen die vielen giftigen Schlangen könne man sich nur durch Achtsamkeit schützen. Der Impfstoff sei zu teuer und trotz Lagerung im Kühlschrank schon nach ein paar Wochen unbrauchbar. Da helfe nur der schnellste Weg ins Krankenhaus. Die Flying Doctors? Ach du lieber Himmel, auf die wolle sie sich lieber nicht verlassen, die seien überlastet.

Do it yourself, mach es selbst! Im Outback gilt das für alles. Für die Reparatur der vier Regenwassertanks, für die Solaranlage, für die Autowerkstatt und für die Schule. Karen ist nicht nur Schaf- und Rinderzüchterin, Haus- und Ehefrau, sie ist auch Lehrerin. Pünktlich um acht Uhr beginnt in der ausgebauten Scheune mit Amy und Nicholas als Vorschüler wider Willen der Unterricht. Streng nach Lehrplan und ferngesteuert von der „School of the air", die nur eine halbe Stunde täglich die Ausbildung der Kinder übernimmt.

An diesem Freitag steht von halb zwölf bis zwölf Uhr Musik auf dem Stundenplan. Da es nur ein Funkgerät gibt, wird der Unterricht im Wohnzimmer fortgesetzt. Sechs Outback-Kinder, alle Hunderte von Kilometern getrennt, werden reihum von der Lehrerin aus Carnarvon begrüßt. Edmund muss natürlich sofort die Neuigkeit loswerden, dass heute zwei Männer aus Deutschland zuhören, die ein Buch über die Kinder dieser Welt

schreiben. „Wie spannend“, scheppert es zurück, Edmund solle uns schön grüßen. Der Empfang am heutigen Tag ist fürchterlich, Musik kommt nur als verzerrter Klangbrei an, auch wenn sich die Lehrerin am Klavier noch so müht. Edmund und William singen trotzdem brav ihr einstudiertes Lied. Das anschließende Lob haben die beiden zwar durchaus verdient, aber in diesem Fall war es unüberhörbar gelogen.

Wenn die Zwillinge dreizehn sind, werden sie sich mit ihren Lehrern besser verständigen können, dann kommen nämlich beide nach Perth auf die High School. Mark und Karen wollen ihre Kinder einmal aufs College oder die Universität gehen lassen. Und wenn sie nach einem Abschluss nicht mehr auf die Outback-Station zurückwollen, sei das in Ordnung: „Sie sollen sich für ihr eigenes Leben entscheiden.“

Was einmal aus ihnen werden wird, wissen die Zwillinge bereits genau. William will nach der Universität zwei sechsmonatige Praktika machen: eines als Illustrator und eines beim Marinedienst, da er sich sehr für die Meeresforschung interessiere. Anschließend will er drei Jahre lang als Schafzüchter arbeiten und sich dann eine eigene Station kaufen. Dort will er sich eine Schreinerei einrichten, den Pilotenschein machen und viele Bücher lesen. Heiraten will er nicht, aber irgendwann nach Neuseeland und Amerika reisen. Dass ihn auch Deutschland sehr interessiere, sagt er wohl nur uns zuliebe.

Edmunds Lebensplan sieht ähnlich aus: Er will sich ein Jahr lang als Schreiner ausbilden lassen, dann in einem Zoo arbeiten und Pferde-Doktor werden. Mit einem eigenen Pferd, einem Auto, einem Motorrad, einem Lastwagen und einem Flugzeug will er dann auf eine Station ziehen und Schafzüchter werden. Wie sein Vater und sein

Bruder. Ach ja, er wird aber heiraten, und er wünscht sich zwei Kinder: „A girl and a boy." Das sei, findet Edmund, ganz vernünftig: die Tochter könne seiner Frau, der Sohn ihm helfen.

Die Bewohner dieser Outback-Station haben es in sich. Das beginnt bei Spot, dem einäugigen Hengst, der aussieht, als habe Pippi Langstrumpf ihn bemalt, und der den ganzen Tag listig versucht, auf das schmackhafte Stück Zierrasen vor dem Wohnhaus zu kommen. Und das hört bei Harry, der Spinne, nicht auf. Die hängt hühnereigroß über der Gästedusche und sorgt dafür, dass niemand Wasser verschwendet. Irgendwo im Vorratsraum hat sich, sagt Karen, eine Schlange verkrochen, aber sie könne sie nicht aufspüren. Macht nichts, solange sie nicht in die Betten auf der Terrasse kriecht. Dort schlafen Mark, Karen und die Kinder den Sommer über, im Haus ist es selbst nachts unerträglich heiß. Eine Klimaanlage komme jedoch aus zwei Gründen nicht in Frage: Erstens verbrauche sie zu viel Energie, und zweitens müsse sich der Körper an die mörderischen Temperaturen gewöhnen. Andernfalls sei an Arbeit nicht zu denken.

Armer sommersprossiger William. Selbst morgens um halb sieben schon trägt er Handschuhe, schleppt mit seinem Bruder, dem die Sonne nichts anhaben kann, gerade eine Kettensäge zum Truck hinüber. Heute ist Samstag, Vatertag. Es ist schulfrei, also nimmt Daddy die Zwillinge mit zur Schafschur. Das können sie zwar noch nicht, das ist Knochenarbeit im Akkord, aber es gibt immer etwas zu tun. Die Tiere auf den Lastwagen treiben, Wolle wiegen, Zäune reparieren. Auch Amy, die Fünfjährige, will mit. Erst als der dreijährige Nicholas kreischend protestiert, bleibt sie zu Hause.

Wir erleben es wirklich so: Die Kinder freuen sich, wenn es etwas zu tun gibt. Das war schon am Tag

zuvor so, als wie jeden Freitag der rollende Supermarkt vorfuhr. Der Truck versorgt die umliegenden Schafzüchter mit Lebensmitteln, bringt Brot, Nudeln, Käse, Wurst, Zucker, Salz, Cola und Bier, die Zeitungen der vergangenen Woche, Treibstoff und die Post. Edmund, William und Amy helfen unaufgefordert beim Ausladen mit. Das ist nach dem Abendessen nicht anders. Wir spülen ab, und die Zwillinge räumen auf. Sie wissen genau, was wo seinen Platz hat. Und bevor sie ins Bett gehen, muss Daddy ihnen noch einmal versprechen, dass er sie morgen ganz bestimmt mitnehmen wird. In Australien steht die Welt auf dem Kopf. Jedenfalls aus unserer Sicht.

Von der Marrilla-Station zu unserem nächsten Ziel ist es nur eine Tagesreise. Wir wollen nach Monkey Mia, zu einem der wenigen Plätze auf der Welt, wo wilde Delphine den Kontakt zu den Menschen suchen. Auf der Fahrt erleben wir die „Blowholes", eine Steilküste, gegen die der Indische Ozean mit ungebremster Wucht donnert und wo die Gischt meterhoch über die gezackten Steinkanten spuckt. Bei jedem Brecher schießen aus den Löchern im Fels riesige Fontänen, es regnet Salzwasser vom wolkenlosen Himmel. Kurz vor Monkey Mia ein weiteres grandioses Schauspiel der Natur, eine die Augen blendende schneeweiße Bucht aus Milliarden winziger Muscheln – und doch: Mit Blaize, Quinn und ihren schwimmenden Freunden kann all dies nicht konkurrieren ▪ ▪ ▪

Quinn & Blaize

Die Delphine von Monkey Mia

Bisher kannten wir nur Flipper, den altklugen amerikanischen Fernseh-Delphin und Freund aller Kinder. Den, so hatten wir uns vorgestellt, müsse es so ähnlich doch auch in der weltberühmten australischen Shark Bay geben. Die Haifisch-Bucht im Indischen Ozean verdankt ihre Popularität nicht den gefürchteten Räubern der Meere, sondern den geliebten Delphinen, die seit vierzig Jahren tagtäglich an den Strand von Monkey Mia schwimmen, um sich füttern und sogar streicheln zu lassen. Die Wirklichkeit würde, davon waren wir überzeugt, spannender sein als ein Filmdrehbuch.

Monkey Mia, allein dieser seltsame Name beflügelte unsere Fantasie. Was er wohl bedeutet? Und wer wohnt an diesem traumhaften Ort inmitten dieses pulsschlagsteigernden Naturschutzparks? Gleich hinter einem Kassenhäuschen, wo wir uns mit ein paar Dollar den Eintritt ins Wunderland erkaufen müssen, sollen wir erleben, dass wir uns nicht allein auf den Weg gemacht haben. Rund um die Ranger-Station gibt sich die Welt ein Stelldichein: Japaner, Chinesen, Neuseeländer, Franzosen, Holländer, Spanier, Amerikaner. Und natürlich fehlen auch die Deutschen nicht. Den Blick aufs Meer verstellt eine Mauer aus nackter Haut, Sonnenhüten und Fotoapparaten. Zwei Ranger patrouillieren im knietiefen Wasser und schirmen fünf Delphine ab, die sichtlich gleichgültig die Ehrenfront der Zweibeiner abschwimmen, sich aus der Hand der Ranger einige Fische schnappen und damit ins Meer abtauchen. Ende der Vorstellung. Da stehen wir und müssen zu-

geben: Dagegen war selbst die doofste Flipper-Folge ein oscarreifes Großereignis.

Rund eine halbe Stunde dauerte der Delphin-Spuk, nach weiteren dreißig Minuten gehört der Strand wieder den Pelikanen, den Wellen und dem Wind. Die Touristen-Busse sind verschwunden, die Gäste des Monkey Mia Dolphin Resort verlieren sich in der Weitläufigkeit der Hotelanlage, und ein riesiger Katamaran mit dem Namen „Shotover" setzt die Segel, um mit seinen Passagieren zu den eigentlichen Bewohnern der Shark Bay zu gleiten: Da draußen tummeln sich Hunderte Delphine, leben Herden von Seekühen und ziehen Tigerhaie ihre gefräßige Bahn. Wir wissen es noch nicht, aber wir werden das Boot unter ganz anderen Vorzeichen noch einmal kreuzen.

Trotz des einstündigen Rummels lohnt Monkey Mia einen Besuch. Was auch schon chinesische Perlensucher wussten, die im Jahre 1860 an diese Küste kamen, um nach den kostbaren Muscheln zu tauchen. Auf sie, so vermutet man, geht der ungewöhnliche Name zurück. „Mia" bedeutet in der Sprache der australischen Ureinwohner „Haus" oder „Heim", und wegen ihres seltsamen Aussehens nannten die Aborigines die Asiaten „monkeys". Heute werden die Perlen künstlich gezüchtet – und im „Affenheim" herrscht nur noch wegen der Delphine ein Affenzirkus. Zu Hause ist hier schon längst niemand mehr.

Die letzten Bewohner von Monkey Mia waren Harvey und Francesca Raven, die heute im dreiundzwanzig Kilometer entfernten Denham wohnen. Ihre Kinder, so erzählen uns die Ranger, seien aber hier aufgewachsen, mit den Delphinen groß geworden und sie seien ihre Freunde. Na bitte: Die Wirklichkeit schreibt scheinbar doch die besseren Geschichten.

In dem winzigen Fischerdorf Denham haben wir die Ravens schnell gefunden. Francesca kommt uns mit der zehn Monate alten Tochter Siena auf dem Arm entgegen und bittet uns ins Wohnzimmer mit dem riesigen Billardtisch. Ihre Söhne sitzen vor dem Fernseher beim Videospiel: der vierjährige Lane, der sechsjährige Quinn und Blaize, der Neunjährige. Als wir sie fragen, ob uns die Ranger die Wahrheit erzählt hätten und, wenn ja, ob sie Lust hätten, mit uns hinüber nach Monkey Mia zu ihren Freunden zu fahren, müssen wir auf die Antwort keine Sekunde warten. „Yes, yes!", rufen die drei im Chor, und schon rennen sie zum Auto. Mama Francesca lacht. Natürlich kommt auch sie mit. Warum sich alle so auf die Shark Bay freuen, hat zwei Gründe. Die „Shotover" ist ihr Boot – und: „Dieser Platz ist einzigartig, wir haben nie an einem besseren Ort gelebt."

Als Quinn eineinhalb war, zog die ganze Familie von Adelaide nach Monkey Mia. Die Hotelleitung hatte Papa Harvey gewinnen können, auf der „Shotover" Ausflugsfahrten zu organisieren. Die kommenden Jahre zählen zu den schönsten im Leben der Ravens, den Kindern wird das Meer zur Heimat, und ihre schwimmenden Bewohner werden zu Vertrauten. Ob die Kleinen auf Daddys Boot mitfahren oder am Strand planschen, immer sind die Delphine in ihrer Nähe. Blaize und Quinn wissen alles über die Säugetiere, na ja, vieles zumindest. Dass es 44 verschiedene Arten gibt, sie bis zu 40 Stundenkilometer schnell sind, bis zu 30 Meter tief tauchen und 20 Minuten lang die Luft anhalten können. Dass sie nicht riechen, dafür aber über und unter Wasser sehr gut sehen können und beim Schlafen nur ein Auge schließen. Und sie wissen auch, dass die Weibchen über 40 Jahre alt werden und die männlichen Delphine zumeist 10 Jahre früher sterben.

Die „Bottlenose"-Delphine von Monkey Mia haben alle einen Namen. Da gibt es Nicky und

Shock, Joy und Laffin, Yan und Yin, Jesse und Mouse. Und es gibt die zweiundzwanzigjährige Puck, die zu Quinn geschwommen kommt, als er sie mit einem Fisch lockt. Während sie ihm dankbar um die Beine streicht, erzählt uns Quinn, wie schlau Puck gehandelt habe, als vor Jahren ihr Baby Piccolo in höchster Gefahr gewesen sei. Er habe das zwar nicht selbst erlebt, aber die Ranger hätten es ihm erzählt.

Piccolo war erst sechs Wochen alt, als sie sich so unglücklich in einer Fischleine verhedderte, dass sie von ihrer Mutter nicht mehr gestillt werden konnte und zu verhungern drohte. Da schwamm Puck zu den Rangern von Monkey Mia, und natürlich folgte das Baby der Mama. Die Ranger erkannten sofort den Ernst der Lage, doch Piccolo ließ sich nicht fangen. Da versetzte Puck ihrem Kind einen so kräftigen Stoß, dass es direkt in die Arme eines Rangers flog. Schon nach ein paar Minuten war Piccolo von der mörderischen Schnur befreit und lebt seither ein unbeschwertes Leben. Sechs Jahre ist Piccolo heute alt. Wie Quinn. Eines wundert uns noch: Wie schaffen es die Ranger, die Delphine, die für uns alle gleich aussehen, zu unterscheiden? Der neunjährige Blaize erklärt es uns in einem Satz: „Jede Rückenflosse ist anders gezackt."

Ob Zufall oder nicht: An dem Tag, als wir mit Quinn und Blaize am Strand sind, schwimmen die Delphine nachmittags noch einmal nach Monkey Mia, was sie sonst nur ganz selten tun. Auch Nicky mit ihrem erst zwei Wochen alten Baby ist dabei. Nur einmal alle vier Jahre bekommen die Küsten-Delphine von Monkey Mia Nachwuchs, und es scheint so, als ob Nicky seinen alten jungen Freunden stolz ihren Sohn präsentieren wolle. Die Ranger suchen für das Delphin-Kind noch nach einem Namen – wir hätten da zwei Vorschläge: Wie wär's mit Quinn? Oder Blaize?

So long, Australien, unsere Reise rund um den Globus ist vorbei. Das war's. Wir werden eher zu Hause sein als unser letzter Brief an Alena, den wir in Perth einwerfen, bevor wir ins Flugzeug steigen. Und doch ist unser Traum noch nicht ganz zu Ende geträumt. Da gibt es noch diese Geschichte von einem denkwürdigen Abend in den Anden, an dem wir auf unserem kleinen Weltempfänger verzerrt die Nachrichten der Deutschen Welle aufgeschnappt und gehört haben, dass Johannes Rau als neuer Bundespräsident im Gespräch sei. Der Tag ist uns vor allem deshalb noch so gegenwärtig, weil uns damals ein schwarzgewittriger südamerikanischer Himmel einen blitzdonnernden Schrecken eingejagt hat. Wie Steinschlag hatte der Regen unser Auto gebeutelt, der Wind sich drohend zum Orkan gebläht, und Wolkenfetzen hatten sich undurchdringlich und barrikadenschwer auf die brüchige, nur achsenbreite Schotterstraße gelegt. Hoch in den peruanischen Bergen in unserem Landrover gefangen, war, der Zufall wollte es so, Johannes Rau das zuletzt verinnerlichte Stück Heimat, und so verfestigte sich, auf ein gutes Ende hoffend, diese fixe Idee: Sollten wir nach zwei Jahren wieder heil zu Hause sein, dann würden wir Johannes Rau und seine Familie besuchen. Dass wir dann tatsächlich beim heutigen Präsidenten der Bundesrepublik Deutschland klingeln würden, das ahnten wir in unserer Weltuntergangsstimmung von damals nicht ▪ ▪ ▪

Laura

Der letzte Besuch

Wir haben es tatsächlich geschafft: Wir überstanden nicht nur unsere Weltreise unbeschadet, wir bekamen auch eine Einladung in die Villa der Familie Rau in Wuppertal. Was wir aber einzig und allein Laura, der jüngsten Tochter des Hauses, zu verdanken hatten. Sie hatte spontan ja zu unserem Vorschlag gesagt, das letzte Kapitel unseres Buches ihr zu widmen. Papa Rau hatten wir am Telefon zwar von unserem Schwur in den Anden erzählt, doch dann mutig gebeichtet, dass wir weniger an ihm als an seiner jüngsten Tochter interessiert seien.

Rau und das Wetter. Diesmal donnert und blitzt es zwar nicht, dafür schneit es heftig, und die Katernberger Straße in Wuppertal-Elberfeld, eine Sackgasse, ist steil, und eng, und rutschig. Aber unser Landrover nimmt auch diese letzte Hürde und wird erst durch ein eisernes Tor gebremst, die Zufahrt zur Villa Rau. Aus einem hölzernen Wachhäuschen nähert sich ein Polizist, bockt erst, weil wir angeblich nicht angemeldet sind, telefoniert dann und drückt schließlich den Knopf: Wir dürfen passieren. Es ist kurz vor zwölf. Laura erzählt uns später, dass das elektronische Eisentor auch für sie ab und zu unüberwindbar ist. Nicht jeder junge Polizist kennt die Rau-Kinder von Angesicht zu Angesicht, und nicht selten muss die Mama ihr eigen Fleisch und Blut auslösen.

Christina Rau empfängt uns strumpfsockig und in Jeans. Wir sind etwas zu früh, und sie war bis soeben noch dabei, die Weihnachtsdekoration auf den Speicher zu räumen. Ein freundliches „Hallo", ein fester Händedruck: „Kommt rein!" Es gibt Häuser, die sind groß und schön und edel, voller kostbarer Bilder und Möbel – und doch

sind sie leer. Die Villa Rau ist nur ein heller, zweigeschossiger Bau aus den fünfziger Jahren, nichts Besonderes im Grunde, sieht man vom Swimmingpool im Garten ab, und doch ist man in diesem Haus auf Anhieb zu Hause. Was zweifelsfrei an Christina Rau liegt, einer nicht nur blendend aussehenden, sondern auch ungemein charmanten Frau. Sie bittet uns auf eine Tasse Kaffee ins Wohnzimmer, und irgendwie ist es, als hätten wir hier schon zigmal gesessen. „Die Kinder sind noch in der Schule, ich hole sie erst um 13 Uhr ab", entschuldigt Frau Rau die Stille im Haus. „Aber mein Mann hat angerufen, er ist in einer halben Stunde da." Wir schmunzeln, weil das so klingt, als wäre es dann mit der Ruhe vorbei.

Also nutzen wir noch schnell die Stille, um nach Laura zu fragen. Wie sieht die Mutter ihre Tochter? Lebenslustig sei sie, sagt Christina Rau über ihr jüngstes Kind, das am 10. November 1986 mit seiner Geburt die Rau'sche Familienplanung besiegelte. Laura verabrede sich gerne, reite seit einem halben Jahr, im Gymnasium sei sie eine ganz normale, nicht besonders fleißige Schülerin, manchmal vielleicht etwas zu schusselig, insgesamt aber sehr einfühlsam, und sie habe zwei ganz wunderbare Eigenschaften: Sie sei immer zufrieden und sie kenne keine Furcht!

Johannes Rau, der inzwischen eingetroffen ist („Schön, dass Sie schon da sind, haben Sie gleich hergefunden?"), kann das nur bestätigen. Fröhlich sei die Laura, und gänzlich unkompliziert. Und dass ihr Papa einst Ministerpräsident war und einmal als achter Präsident der Bundesrepublik Deutschland in den Geschichtsbüchern stehen wird, das sei der Laura eigentlich völlig egal. Dann beantwortet er unsere Fragen, mit denen wir testen wollen, ob ein Staatsmann auch ein guter Vater sein kann. Natürlich kennt er die Stärken und Schwächen seiner Kinder, auch die

schulischen. Er weiß, dass Laura Probleme mit Latein hat, wie das nächste Zeugnis aussehen wird, wer ihre Freundinnen sind und wann sie sich wieder mal mit ihrer älteren Schwester Anna oder ihrem Bruder Philip Immanuel gestritten hat, obwohl sie im Grunde ein so friedliebender Mensch sei. „Späte Väter sind besorgtere Väter", klärt uns Rau auf, der erst mit einundfünfzig Jahren geheiratet hat. Und als müsse er dies noch beweisen, will er plötzlich von seiner Ehefrau wissen, ob sie uns abgemagerten Weltreisenden denn schon etwas zu essen gemacht habe. Christina Rau setzt ihren Ach-diese-Ehemänner-Blick auf und erklärt, sie hole jetzt gleich die Kinder von der Schule ab, und dann würden wir uns alle an den Mittagstisch setzen. „Gut so", nickt Johannes Rau, dann sei ja alles in bester Ordnung.

Wenn sich der dreijährige Scooter, eine Knuffelmischung aus Pharaonenhund und Riesenschnauzer, an der Haustüre seine Nase platt drückt und dabei heftig mit dem Schwanz wedelt, kann das nur bedeuten: Die Kinder kommen. Statt drei sind es vier, Laura hat ihre Freundin Elisabeth mitgebracht. Kein Problem, es kommt ein Gedeck mehr auf den Tisch, und dann gibt es Erbsensuppe mit Würstchen und Brot. Laura isst Erbsensuppe pur. Fünf Jahre schon ist sie Vegetarierin, seit ihr Melanie, das Kindermädchen, ein paar ganz und gar unappetitliche Tiergeschichten erzählt hat, während sie gerade hungrig in ein Schweineschnitzel biss. Laura hat das Fleisch ausgespuckt und seitdem nie wieder ein Stück angerührt. Anna ist da nicht so konsequent. Sie hat nur einen Monat durchgehalten.

Am Nachmittag, als wir mit Laura in ihrem Zimmer auf dem Fußboden sitzen und ihren Goldhamster streicheln, reden wir natürlich auch über ihren berühmten Papa, der zwangsläufig immer mehr Landes- als Familienvater war. Ach, sagt Laura,

der Papa sei schwer in Ordnung, aber im Grunde habe man als Kind eines bekannten Politikers nur Nachteile. Vor allem in der Schule. Kein Lehrer wolle in Verdacht geraten, ein Rau-Kind besser zu behandeln, und deshalb komme ihnen ein aufmunterndes Wort auch schwerer über die Lippen. „Und viele Mitschüler glauben automatisch, als Tochter eines so bekannten Menschen sei man eine eingebildete Ziege. Dabei haben die keine Ahnung." „Stimmt", pflichtet ihr die Freundin Elisabeth bei. Laura könne schließlich nichts dafür, dass ihr Haus bewacht werde und das ihrer Klassenkameradinnen nicht.

Und deshalb ist für Laura auch klar: Es darf alles passieren, nur eines nicht: Papa darf nie und nimmer Bundespräsident werden. Denn dann würde es ja noch schlimmer. Außerdem müssten sie nach Berlin ziehen, womöglich sogar in dieses komische Schloss. Ein grauenhafter Gedanke, noch bekannter zu werden. Wo Laura es schon jetzt hasst, fotografiert oder interviewt zu werden. Laura sieht, dass wir uns ertappt vorkommen, und schickt sofort den ermutigenden Satz hinterher: „Bei euch beiden ist das schon okay." Beruhigt trommeln wir also noch mal die Familie zusammen. Fotos mit Mama, mit Papa, mit Hund. Fotos bei der Schneeballschlacht im Garten, Fotos in Raus Arbeitszimmer. Der sitzt gelassen am Schreibtisch und beruhigt uns: „Lasst euch nicht stören, macht, was ihr wollt."

Um 16 Uhr hat Laura Reitunterricht, auch da fahren wir noch mit und staunen nicht schlecht, wie gut sie im Sattel sitzt. Als wir uns schließlich verabschieden, fällt uns das Gehen nicht leicht. Laura hat uns mit ihrer unkomplizierten Art verzaubert. Ob wir es ihr wünschen sollen, dass der Papa nicht Bundespräsident wird? Damit sie bei ihrem Vorbild, dem Reitlehrer, bleiben kann, an dem sie Strenge und Güte zugleich schätzt? Bei ihrer Freundin Elisabeth, in ihrer gewohnten

Umgebung? Ach was, denken wir, vielleicht hat Mutter Rau ja Recht, wenn sie sagt: „Andere Kinder müssen auch umziehen."

Nachdem uns Frau Rau noch mit ihrem Wagen bis zur Autobahn vorausgefahren ist, damit wir uns im nächtlichen Wuppertal nicht verfransen, sind wir uns endgültig sicher: Es kann einer Nation nur gut tun, eine solch freie, ungezwungene Präsidenten-Familie zu bekommen. Denn wenn sich ein Staatsoberhaupt und seine First Lady nicht nur mit gekrönten Häuptern, sondern auch mit den Alltagsproblemen dreier Kinder, den Bedürfnissen eines Hundes und den Befindlichkeiten eines Goldhamsters beschäftigen müssen, kann dies die Welt letztlich nur menschlicher machen.

Die letzten Zeilen dieses Buches sind für dich, Laura. Jetzt ist dein Papa also doch Bundespräsident geworden, und du wohnst in diesem komischen Schloss in Berlin. Ab und zu sehen wir Bilder von dir in der Zeitung – und darauf lachst du noch immer so fröhlich wie damals in Wuppertal. Einen schöneren Schluss für unsere Geschichten hätten wir uns nicht wünschen können ...

Bibliografische Information
Der Deutschen Bibliothek

Die Deutsche Bibliothek verzeichnet diese Publikation in der Deutschen Nationalbibliografie; detaillierte bibliografische Daten sind im Internet über http://dnb.ddb.de abrufbar.

1. Auflage 2003

Redaktion: Susanne George
Produktion: Annette Hillig
Produktionsassistenz: Caroline Toma
Umschlaggestaltung, Layout und Satz:
Christa Marek, Köln
Titelfotos: © Franz Schallner
ISBN 3-8025-3285-6

www.vgs.de